山西远志产业发展研究

主编 冀宪武 田洪岭

内 容 简 介

山西是远志的主产区，山西远志资源的变化影响着整个远志产业的发展。本书在阐述国内外中药材产业研究现状的基础上，从产业链的角度分析山西远志产业发展的现状和问题，结合国内外中药材产业发展的经验，提出山西远志产业发展的对策和建议。这些对策和建议，对政府相关部门制定中药材产业政策具有重要的参考价值，对从事中药材产业发展实践的企业家和生产者则具有一定的理论指导作用。

图书在版编目（CIP）数据

山西远志产业发展研究 / 冀宪武，田洪岭主编. -- 北京 : 气象出版社，2021.10
ISBN 978-7-5029-7576-0

Ⅰ. ①山… Ⅱ. ①冀… ②田… Ⅲ. ①中药材－制药工业－产业发展－研究－山西 Ⅳ. ①F426.77

中国版本图书馆CIP数据核字(2021)第206012号

山西远志产业发展研究

Shanxi Yuanzhi Chanye Fazhan Yanjiu

出版发行：气象出版社
地　　址：北京市海淀区中关村南大街 46 号　**邮政编码**：100081
电　　话：010-68407112（总编室）　010-68408042（发行部）
网　　址：http：//www.qxcbs.com　**E-mail**：qxcbs@cma.gov.cn
责任编辑：邵　华　刘天泽　**终　　审**：吴晓鹏
责任校对：张硕杰　**责任技编**：赵相宁
封面设计：北京地大彩印设计中心
印　　刷：北京建宏印刷有限公司
开　　本：710 mm×1000 mm　1/16　**印　　张**：14.75
字　　数：222 千字
版　　次：2021 年 10 月第 1 版　**印　　次**：2021 年 10 月第 1 次印刷
定　　价：45.00 元

《山西远志产业发展研究》编委会

主　　编　冀宪武　田洪岭

副 主 编　李晓霞　郭淑红　樊晓璐

编写人员（按姓氏笔画排序）

王秋宝　王耀琴　李丹丹　李　毅　杜海平

吴昌娟　何　燕　张　勇　陈晓冬　赵永胜

赵　亮　栗俊英　裴帅帅

序

山西省是中药资源大省，也是我国著名的中药材主产区，中药文化底蕴深厚，中药产业历史悠久。其所出产的药材被称为“晋药”。据第四次全国中药资源普查试点工作统计，山西省共有中药材 1788 种，其中植物药 1625 种，动物药 133 种，矿物药 30 种。作为我国中药材资源大省，山西具有发展中药材产业的资源优势以及市场品质竞争优势，长治苦参、潞城党参、安泽连翘、新绛远志、万荣柴胡、恒山黄芪等都是闻名全国的晋产道地药材。近年来，山西省对中药材产业的发展越来越重视。根据国家出台的《中药材保护和发展规划（2015—2020 年）》《中医药健康服务发展规划（2015—2020 年）》和《中医药发展战略规划纲要（2016—2030 年）》等支持中药材产业的政策措施，山西省连续出台了《山西省人民政府办公厅关于促进中药产业发展若干措施的通知》《山西省中药材保护和发展实施方案》《关于加快推进山西省中药材基地建设的实施意见》和《关于建设中医药强省的实施方案》，绘制了山西中药材产业发展的路线图，为山西中药材产业的发展奠定了基础。

山西是远志的主产区，供应市场约 80％的远志，以运城、临汾为主向周边县市延伸，种植区域相对集中。而陕西、河南、河北生产的远志市场占比分别为 10％、5％、5％，通常零星种植，规模化不强。相比其他产区，山西省远志有一定的资源优势和规模优势。但是还存在着远志生产无序、缺乏质量评价指标、种质资源不清、产业链条短、黄曲霉毒素超标等问题，制约着远志产业的健康发展，亟待研究解决。

《山西远志产业发展研究》正是在这样的背景下组织编撰的。该书在阐述国内外中药材产业研究现状的基础上，从产业链的角度分析山西远志产业发展的现状和问题，结合国内外中药材产业发展的经验，提出山西远志产业发展的对策和建议，旨在提高中药资源利用效率，加快中药材产业的可持续发展，推进生态文明建设。

该书在编写过程中吸收借鉴了国内外最新的研究成果，是从事远志科学研究、技术推广和栽培加工很有价值的参考书。我希望通过该书的出版发行，能对山西省乃至全国的中药材育种、栽培、加工等技术的发展起到积极的推动作用，也希望编写组广泛听取吸纳各界宝贵意见，进一步探讨和研究山西远志产业的发展问题，并在这一领域不断推出新的研究成果。

是为序。

周运宁

（山西省农业科学院原副院长、二级研究员）

2020 年 7 月 13 日

前　言

远志是我国传统中药，具有安神益智、祛痰、消肿的作用，远志提取的有效物质成分还具有抗老年痴呆、抗抑郁、抗癌等多种功效。山西是远志的主产区，山西远志年产量占全国总产量的70%，并且全国远志种源95%由山西省提供，品牌优势潜力巨大。近年来，山西省把中药材作为山西特色农业的七大产业之一，不断加大政策扶持、财政支持、科技支撑、市场开拓的力度，全力将其打造成全省战略性新兴产业，利用远志开发了许多新产品，市场需求量连年增长。然而，在远志生产中还存在不少问题：品种混乱、种质退化、抗病虫害等抗性降低；栽培技术水平低，盲目大量施用化肥及农药；多年种植，已产生连作障碍；产品加工转化力度不强，产业链条短；市场体系建设滞后，销售渠道不够畅通等问题。这些管理、科研、生产、市场等方面的问题集中反映了远志产业链方面的问题，严重影响药材质量安全，危害公众健康，阻碍远志产业健康发展。为此，我们提出了《基于产业链视角的山西省远志产业发展对策研究》课题（山西省农业科学院农业科技创新研究课题，课题编号 YCX2018428）。

本课题以产业链理论为基础，分析了山西远志产业链各节点发展现状与存在问题，包括远志的研发、种植、生产、加工和销售等环节；研究了山西省远志发展的环境，包括国内外对远志的需求和山西省远志产业链发展的优势、劣势以及当前面临的发展机遇、威胁挑战等因素；借鉴国内外产业链管理以及现代中药（传统医药）产业发展的先进经验，结合山西实际，提出完善与优化山西远志产业链的战略思考与对策建议。

本书稿是在课题研究报告的基础上完成的，主要由山西农业大学图书馆（原山西省农业科学院农业科技信息研究所）和山西农业大学经济作物研究所（原山西省农业科学院经济作物研究所）的科技人员共同撰写而成。在编写过程中得到了山西省农业农村厅、山西省农业科学院、山西农业大学等单位专家、学者的大力支持和帮助。为了提高本书编写质量，还引用了相关专家学者发表的论文和论著，在此一并致谢。

由于作者水平有限，尽管我们已经做了最大的努力，书中疏漏和不足之处仍在所难免，敬请广大读者批评指正。

编者

2020 年 8 月

目　录

第一章

绪　论

第一节　研究背景与研究意义

一、研究背景

远志是我国传统中药，具有安神益智、祛痰、消肿的作用，远志提取的有效物质成分还具有抗老年痴呆、抗抑郁、抗癌等多种功效，所以国内外对远志及远志属植物的各种研究也越来越多。近年来，美国、欧盟、日本、韩国等一些发达国家和地区的科学家已深刻认识到了化学药品的不良反应和毒副作用，把目光转向了对天然药物和中药的研究和开发。目前辉瑞、拜耳、诺华、格兰素等世界制药50强企业几乎都在积极涉足中药和天然药物研发生产领域。所以，加快构建中药产业链，促进中药的现代化和国际化，已成为中药产业发展的重要趋势。

我国高度重视中药材产业的发展，《国务院关于加快培育和发展战略性新兴产业的决定》（国发〔2010〕32号）把现代中药产业列为重点培育发展的战略性新兴产业。2016年2月22日，国务院印发的《中医药发展战略规划纲要（2016—2030年）》指出，2020年中医药产业将成为国民经济的重要支柱之一。全面提升中药产业发展水平是实现《中医药发展战略规划纲要（2016—2030年）》的必然要求。目前已形成了以中药材种植养殖、产地初加工和专业市场为主要环节的中药材产业，呈现出持续发展的良好态势。2018年12月，农业农村部、国家药品监督管理局、国家中医药管理局联合颁布《全国道地药材生产基地建设规划（2018—2025年）》（简称《规划》），按照因地制宜、分类指导、突出重点的思路，将全国道地药材基地划分为7大区域，山西省作为华北道地药材产区，其主攻方向为黄芪、黄芩、连翘野生抚育以及规范柴胡生产、提升党参、远志加工贮藏技术等。《规划》指出，要推动道地药材产业链全面升级，提升道地药材品种选育能力、集成创新能力、优质道地药材供给能力，实现中药材生产区域布局和产品结构优化，提质增效、转型升级，夯实中医药发展物质基础。

作为山西省道地药材之一的远志，发挥道地性的同时，也要充分发挥优势，不断实现发展农业全产业链有效提升，推动农业领域供给侧结构性改革，加速实现农业全产业链转型升级。现在市场上远志的主流品种是细叶远志（*Polygala tenuifolia* Willd.），商品远志的产地均集中在北方，以山西、陕西两省为主，山西主要集中在运城、临汾地区，其余省份及地区只是零星种植，而且山西远志的产量最大，质量最好。传统也认为远志是山西的道地药材。据报道，山西远志产量居全国首位，远志年产量占全国总产量的70%。其中，山西省全域均有远志种植，集中规模种植在运城、临汾、吕梁等地，其中尤以新绛、闻喜、侯马一带的种植技术更为成熟，已成为当地的一项支柱产业。山西远志种植面积约8～10万亩[①]，年产1000余t，而远志年需求量在4500～5000 t左右，市场缺口极大。并且远志种源95%由山西省提供，品牌优势潜力巨大。

近年来，山西省把中药材作为山西特色农业的七大产业之一，不断加大政策扶持、财政支持、科技支撑、市场开拓的力度，全力将其打造成全省战略性新兴产业，利用远志开发了许多新产品，市场需求量连年增长。远志现代化的发展要求原料药材的生产必须规范化、标准化、现代化，这在客观上要求用于生产的种子必须优质、整齐，只有这样，远志现代化才能从源头上得以保障。然而，目前实际生产中存在不少问题：品种混乱、种质退化、抗病虫害等抗性降低；栽培技术水平低，盲目大量施用化肥及农药；多年种植，已产生连作障碍；产品加工转化力度不强，产业链条短；市场体系建设滞后，销售渠道不够畅通等问题。这些管理、科研、生产、市场等方面的问题集中反映了远志产业链方面的问题，严重影响药材质量安全，危害公众健康，阻碍远志产业健康发展。因此，本研究以山西远志产业为研究对象，在分析山西远志产业链管理现状和问题的基础上，提出完善与优化山西远志产业的战略思考与对策建议。

① 注：1亩≈666.67m^2，下同。

二、研究意义

从产业链的角度分析山西远志产业发展的现状及问题，提出科学合理的发展对策，这对于山西省远志产业持续健康的发展，保护、提升山西省远志品牌，增强山西特色药材产业发展潜力，保护生态环境等具有极其重要的价值；对于远志的深层次开发利用意义重大，也是山西省农业产业结构调整的一条有效途径。同时，能为政府有关部门制定中药材产业政策和宏观调控提供理论依据和决策参考。

第二节　研究对象与基本概念界定

一、研究对象

远志，又名葽绕、蕀蒬、棘菀、小草、细草、线儿茶，小草根、神砂草等。产于东北、华北、西北和华中以及四川，朝鲜、蒙古国和俄罗斯也有分布。商品为远志科植物远志（*Polygala tenuifolia* Willd.）或卵叶远志（*Polygala sibirica* L.）的干燥根。其味苦、辛，性温。归心、肾、肺经。远志是多年生草本，主根粗壮，韧皮部肉质，具有安神益智、祛痰、消肿的功能，用于治疗心肾不交引起的失眠多梦、健忘惊悸，神志恍惚，咳痰不爽，疮疡肿毒，乳房肿痛。细叶远志的地上部分（全草）也做药用，称之为“小草”，主益精，补阴气，止损虚、梦泄。远志历史上以野生资源供应市场，现以种植为主。产于山西、陕西一带者称“关远志”，为道地药材。

远志的需求量很大，是大宗中药材之一。由于野生资源急剧减少，远志和卵叶远志被列入《国家重点保护野生药材物种名录》（三级，资源严重减少的主要常用野生药材物种）。远志资源的有效供给和高效利用是远志产业健康可持续发展的基础，然而近年来野生远志资源的连年采挖导致野生资源枯竭、远志价格的波动导致栽培产区面积盲目增减，这些都严重影响了远志产业的健康可持续发展。山西作为远志主产区，供应市场80%左右的远志，并且远志种源95%由山西省提供，品牌优势潜力巨大，山西远志资源的变动影响着整个远志产业的发展。

二、基本概念界定

（一）中药

以中国传统医药理论指导采集、炮制、制剂，说明作用机理，指导临床应用的药物，统称为中药。简而言之，中药就是指在中医理论指导下，用于预防、治疗、诊断疾病并具有康复与保健作用的物质。中药主要来源于天然药及其加工品，包括植物药、动物药、矿物药及部分化学、生物制品类药物。由于中药以植物药居多，故有“诸药以草为本”的说法。

（二）中药材

传统的中药材定义为中医药学中为治病、养生、保养等所需的药品原材料。中药材的存在对于我国中医的起源与发展及中医药学体系的形成奠定着不可或缺的基础。本文中，中药材的定义概括为中药材（Chinese Medical Material）是指对其的应用起源于中国，在经过生长成熟后被选取为生产原料并经初步采摘、清洗、风干等简单处理而未经其他较深工艺加工的药材，再经过加工生产能够被人们所需要的中药原材料。

（三）道地药材

道地药材，又称为地道药材，是优质中药材的代名词，是指药材质优效佳，这一概念源于生产和中医临床实践，数千年来被无数的中医临床实践所证实，是源于古代的一项辨别优质中药材质量的独具特色的综合标准，也是中药学中控制药材质量的一项独具特色的综合判别标准。所谓道地药材是指经过中医临床长期优选出来的，在特定地域，通过特定生产过程所产的，较其他地区所产的同种药材品质佳、疗效好，具有较高知名度的药材。道地药材是中医药的精华和中华民族的宝贵财富，我国历代医家十分重视道地药材的研究与发展。千百年来，道地药材一直是人们防病治病最有力的武器之一。因此，道地药材在医药事业发展中具有举足轻重的地位。

（四）产业

产业是社会分工和生产力不断发展的产物。产业是社会分工的产物，它随着社会分工的产生而产生，并随着社会分工的发展而发展。产业是指由利益相互联系的、具有不同分工的、由各个相关行业所组成的业态总称，尽管它们的经营方式、经营形态、企业模式和流通环节有所不同，但是，它们的经营对象和经营范围是围绕着共同产品而展开的，并且可以在构成业态的各个行业内部完成各自的循环。

20世纪20年代，国际劳工局最早对产业做了比较系统的划分，即把一个国家的所有产业分为初级生产部门、次级生产部门和服务部门。后来，许多国家在划分产业时都参照了国际劳工局的分类方法。第二次世界大战以后，西方国家大多采用了三次产业分类法。

在中国，产业的划分是：第一产业为农业，包括农、林、牧、渔各业；农业是利用动植物的生长发育规律，通过人工培育来获得产品的产业。农业的劳动对象是有生命的动植物，获得的产品是动植物本身。广义农业是指包括种植业、林业、畜牧业、渔业、副业五种产业形式；狭义农业是指种植业，包括生产粮食作物、经济作物、饲料作物和绿肥等农作物的生产活动。第二产业为工业，包括采掘、制造、自来水、电力、蒸汽、热水、煤气和建筑各业。第三产业分流通和服务两部分，共4个层次：①流通部门。②为生产和生活服务的部门。③为提高科学文化水平和居民素质服务的部门。④为社会公共需要服务的部门。

（五）中药材产业

中药材产业是指在中医药产品与中医药有关产品的生产加工的进程中，由中药材的栽种到中医药产品或有关产品抵达消费者手中与包括的每个部分所组成的产业组合（李祺 等，2010）[2214]。中药材产业是将中药材作为商品，并对其进行市场化的一系列活动。从字面意思上看，中药材产业可简单地理解为将生产的中药材在市场上进行交易活动，但是这种理解较为片面，存在一定的偏差，目前中药材产业的内涵十分丰富，整个产业可以看成是一个综合的系统工程，从内容上看，除了包括中药材的生产、加工、流通、储藏、销售等基础的简单产业链之外，而且还包括中药饮片、中成药业、中药材提取物等多个领域，产业的发展涉及中药材资源的开发与利用、中药材生产、加工、储藏等技术的研发和应用、各种相关设备的研发和生产、产品的包装、流通等多个领域。因此，中药材产业作为某一特定区域的特色产业，其内涵可简单表述为：在一定的区域内，以丰富的中药材资源为基础，以相关的技术为支撑，以中药材产业链的建设和完善为核心，以龙头企业为依托，充分发挥区域比较优势，具有规模化、专业化发展的潜力，并对区域特色农业及区域经济的发展具有一定带动作用的产业。

（六）产业链

产业链是产业经济学中的一个概念，是各个产业部门之间基于一定的技术经济关联，并依据特定的逻辑关系和时空布局关系客观形成的链条式关联关系形态。产业链是一个包含价值链、企业链、供需链和空间链四个维度的概念。这四个维度在相互对接的均衡过程中形成了产业链，这种“对接机制”是产业链形成的内模式，作为一种客观规律，它像一只“无形之手”调控着产业链的形成。

产业链的本质是用于描述一个具有某种内在联系的企业群结构，它是一个相对宏观的概念，存在两维属性：结构属性和价值属性。产业链中大量存在着上下游关系和相互价值的交换，上游环节向下游环节输送产品或服务，下游环节向上游环节反馈信息。

产业链分为狭义产业链和广义产业链。狭义产业链是指从原材料一直到终端产品制造的各生产部门的完整链条，主要面向具体生产制造环节；广义产业链则是在面向生产的狭义产业链基础上尽可能地向上下游拓展延伸。产业链向上游延伸一般使得产业链进入到基础产业环节和技术研发环节，向下游拓展则进入到市场拓展环节。产业链的实质就是不同产业的企业之间的关联，而这种产业关联的实质则是各产业中的企业之间的供给与需求的关系。

（七）农业产业链

农业产业链是指与农业初级产品生产密切相关的具有关联关系的产业群所组成的网络结构，这些产业群依其关联顺序包括为农业生产准备的科研、农资等前期产业部门，农作物种植、畜禽饲养等中间产业部门，以农产品为原料的加工业、储存、运输、销售等后期产业部门，即农业产前、产中及产后部门。农业产业链具有物流约束性及路径复杂性、时间竞争双向性和局限性、供应商构成复杂性、需求不确定性、链类型的多样性和联结的不稳定性等特点。在产业链的信息流转过程中存在“牛鞭效应”(Bullwhip Effect)，也就是由于产业链的固有属性，链中企业对信息的曲解沿着下游向上游逐级放大的现象。

农业产业链的理论基础是系统论、市场经济理论、产业划分理论，并把供应链管理思想导入农业产业化，有利于农业产业化绩效和竞争力的全面提升。农业产业链的构建和优化应全方位拓展农业产业链，一是延伸产业链的长度，尽可能提高农产品精深加工比例，实现价值增值；二是增加产业链宽度，尽可能提高综合利用程度，使得各个产业环节和产品功能得以扩充；三是扩大产业链的厚度，壮大农业产业链的规模，增加市场竞争力。具体体现为农业生产资源由低效益行业向高效益行业配置，由低生产率向高生产率转移。重点是大力培育农产品加工龙头企业，着力点是农业科技化，根本是市场化，基础是高素质的新型农民，切入点是龙头企业。

（八）中药产业链及核心要素

1. 中药产业链

中药产业链是指在中药产品（中药饮片、中成药、功能性食品、保健品等）的生产加工过程中，从中药材种植到中药产品到达消费者手中所包含的各个环节所构成的产业链条。它包括中药材产业、中药饮片加工业、中成药制造业和中药流通业四个主体环节。其中，中药材产业、中药饮片加工业、中成药制造业分别是产业链的上、中、下游，中药流通业作为非生产环节位于中药产业链的高端部位，贯穿整条产业链的始终。中药材是生产中药饮片和中成药的原材料，是中药产业发展的基础。中药饮片加工是指对采集的天然或人工种植、养殖的植物和动物中草药进行加工、处理的活动。中成药制造是指直接用于人体疾病防治的传统药物的加工生产，包括用中药传统制作方法制作的各种蜜丸、水丸、冲剂、糖浆膏药；用现代药物制剂技术制作的中药片剂、针剂、胶囊、口服液等专科用药。中药饮片和中成药生产是中药产业的核心，是实现中药材原料向饮片、药品转变的必要过程。最后，这些药品通过特定的流通渠道最终到达中药消费者的手中。

2. 中药产业的核心竞争因素

（1）品牌因素。医药产业中产品的差异主要表现在药品适应症、药品质量、药品包装、药品外形、药品疗效及售后服务上，它降低了同一产业内不同企业的产品之间的可替代性，从而使客户对特定企业的产品产生忠诚度，这是形成品牌的基础。买方“先入为主”的观念和现有厂商创立“先发优势”，往往使新进入的品牌在改变消费者的购买习惯并建立起对自己药品的忠诚方面支付高昂代价，这些额外费用构成了该领域的品牌壁垒。优质的中药意味着过硬的品质、可靠的疗效、患者和医生的高度信赖，新的竞争者树立品牌必须经过漫长的市场考验。

(2) 技术实力。中药制造行业是技术密集型行业，我国中药享受着国际通行专利制度和国家制度的双重保护。中药生产企业在完成新药研制后，可以申请药物配方（组合物）专利，20 年内拥有该配方药品的独家生产权。若满足相关条件，还可申请成为中药保护品种。中药保护品种可享受长则 30 年，短则 7 年的行政保护（可延期），其他企业不得在保护期内生产该药品。我国中药生产企业可通过多种途径对产品进行排他性保护，可以延长其产品的保护期限，加大了竞争对手通过仿制其产品的方式进入市场的难度。

(3) 资金实力。医药行业是高投入、高产出的资金密集型行业。一项新药或制备方法的专利申请，前期需投入巨额的研发费用；中药生产现代化进程促使中药产业的技术装备水平迅速提高，因此新建或改建中药车间需要较大的资金投资规模；另外，由于中药服用者的用药习惯比较稳定，对已使用产品忠诚度较高，新的中药产品在品牌创立、销售网络的形成以及获得消费者的认可并确立其声誉地位需要经历一个漫长的过程，从而需要在营销方面进行大规模的投资。

(4) 人才实力。中药行业对人才素质要求较高，新产品研发和注册、质量标准制定、生产、供应链管理、市场研究调查、市场策略执行和销售管理等方面，都是需要大量经过专业教育同时又具有不断学习的能力、工作热情的专业人才，所以人才壁垒构成新进入者的障碍，新的竞争者必须要有深厚的人力资源储备。

第三节　研究框架与研究内容

一、研究框架

本研究主要以产业链理论为基础，通过分析山西远志产业链各节点发展现状、存在问题和发展环境，借鉴国内外产业链管理以及现代中药（传统医药）产业发展的先进经验，提出山西远志产业发展的对策和建议。

二、研究内容

(1) 研究产业链理论发展概况。包括产业链理论的形成和发展，中药材产业链的内涵与特征等。

(2) 分析山西远志产业链各节点发展现状与存在问题，包括远志的研发、种植、生产、加工和销售等环节。

(3) 山西省远志发展环境分析。包括国内外对远志的需求和山西省远志产业链发展的优势、劣势以及当前面临发展机遇、威胁挑战等因素。

(4) 借鉴国内外产业链管理以及现代中药（传统医药）产业发展的先进经验，结合山西实际，提出完善与优化山西远志产业链的战略思考与对策建议。

通过开展上述研究，要解决制约山西远志产业面临的两个关键问题：第一，整合科研力量，加大科技攻关和技术推广力度，改变目前山西省远志品种混乱、栽培技术不规范的状况。第二，狠抓产业体系建设，延长远志产业链，提高产品附加值，使山西省远志的资源优势转化为经济优势。

第四节　研究方法与技术路线

一、研究方法

采取文献分析法、实地调查法、比较分析法、SWOT 分析法（Strengths、Weakness、Opportunities、Threats，优势、劣势、机会、威胁）等方法，从产业链视角分析山西省远志产业发展现状和存在问题，并提出相关政策建议。

(一) 文献分析法

文献分析法主要指搜集、鉴别、整理文献，并通过对文献的研究，形成对事实科学认识的方法。

本研究通过对统计年鉴、手册、政府工作报告、规划等相关数据资料的采集，以及查阅国内外远志产业相关领域的文献资料和电子资料，可以比较全面地、正确地了解掌握该领域动态的发展趋势和方向，并将最新的研究成果引入项目研究中。

（二）实地调查法

实地调查法是应用客观的态度和科学的方法，对某种社会现象，在确定的范围内进行实地考察，并搜集大量资料以统计分析，从而探讨社会现象。

本研究调研山西省内外主要的、有代表性的远志产地、生产企业、农民专业合作社、中药材批发零售市场等，特别是远志种植户，通过实地调研和典型案例分析，了解国内远志产业的发展现状，学习先进地区的经验和做法，为我所用，试图对山西远志产业发展提出比较科学、合理、客观的建议。

（三）比较分析法

比较分析法是指对具有可比性的不同或相同的事物进行对比，以发现相互之间的异同，并对这种异同的原因、造成的不同的结果等进行分析，以寻找其发展变化的趋势和规律的研究方法。

本研究通过对山西省远志产业不同发展阶段的纵向比较，以及山西和周边以及全国远志产业发展的横向比较，为提出山西远志产业的发展策略提供依据。

（四）SWOT 分析法

SWOT 分析法，即态势分析，就是将与研究对象密切相关的各种主要内部的优势、劣势和外部的机会、威胁等，通过调查列举出来，并依照矩阵形式排列，然后用系统分析的思想，把各种因素相互匹配起来加以分析，从中得出一系列相应的结论，而结论通常带有一定的决策性。

本研究通过分析山西远志产业发展的有利条件、不利因素、面临的机遇和挑战，通过趋利避害，扬长避短，力求有针对性地作出比较正确的决策和规划。

二、技术路线

资料收集与整理—实地调研—理论研究—实证分析—对策研究（图 1.1）

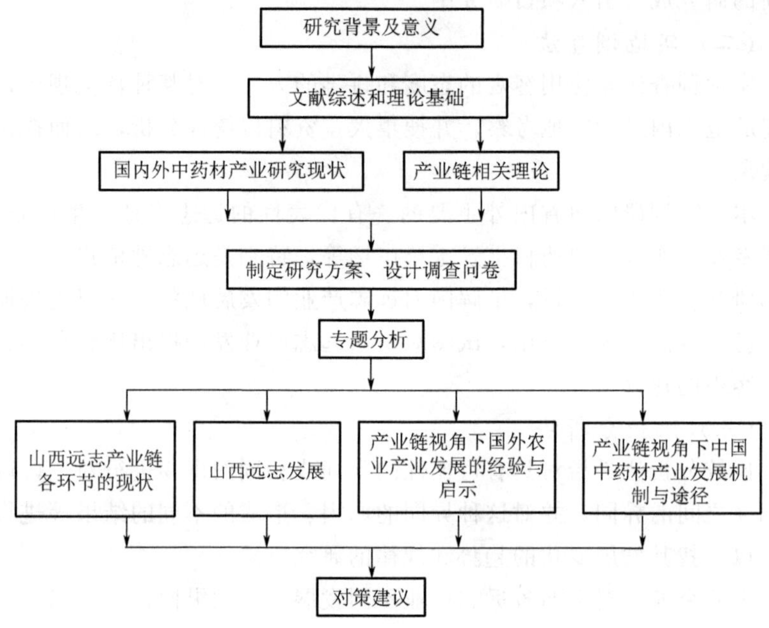

研究背景及意义
文献综述和理论基础
国内外中药材产业研究现状
产业链相关理论
制定研究方案、设计调查问卷
专题分析
山西远志产业链各环节的现状
山西远志发展
产业链视角下国外农业产业发展的经验与启示
产业链视角下中国中药材产业发展机制与途径
对策建议

图 1.1　技术路线图

第二章

中药材产业研究现状

第一节 世界中医药的研究现状

中医药作为中华民族传统文化发展中的重要精髓与宝贵财富，同时也是医学领域新药品开发实现的重要物质基础，在世界范围内有着非常重要的发展作用和意义。根据世界性的中医药发展与应用统计数据显示，在全世界范围内使用中医药进行疾病治疗康复的群体数量在 40 亿人以上，在世界总人口中所占比例达到 80%左右，并且根据中医药在世界范围内的发展形势情况估计，未来十年中医药在世界范围内的发展应用将呈现出全面兴起的趋势。尤其是在中医药的出口问题解决以后，中医药在世界范围内取得了突破性的发展与进步，早已实现中医药出口 7 亿美元的发展大关，发展增长比例达到 6%以上，同时一直呈现稳定增长的出口发展态势。近年来，根据中医药在世界上的发展统计，其出口范围主要集中在亚洲以及北美、欧洲地区，并且呈现逐渐增长的发展变化。结合中医药在世界上发展情况预估，未来中医药开发将成为新药开发的一个重要发展特点，在世界医药市场的变化发展中都起着不可估量的作用和影响。

根据对于中医药发展的调查，中医药的发展市场在世界范围内主要有四个，即日韩市场、东南亚和华裔市场、西方市场、非洲和阿拉伯市场等，并且中医药的这四个全球发展市场是一个发展中的市场结构，也是我国的中草药以及中成药、保健药等出口发展的主要市场，具有较为广阔的发展前途与研究价值。

首先，中医药出口发展的东南亚和华裔市场主要包含东南亚地区的各个国家以及香港、澳门、台湾等地区，在世界中草药发展市场中占有 26%的比例。像东南亚地区的新加坡，不仅拥有比较悠久的中医药发展历史，并且这些国家中医药发展的群众基础也比较良好，根据有关统计，这些地区设立的中医医疗机构就达到 30 多家，并且中药店中开设的中医药诊室就达到 1000 多家。此外，在这些地区的中医药出口发展中，这些地区所在国的中医药管理局还专门成立了国家级的中医团体协调委员会，以加强对于这些地区中医药发展的管理，同时进行中医学院和中医师注册工作的设立和开展，使得中医药发展在这些地区拥有了良好的发展基础和条件。

其次，日韩市场是中医药出口发展比较稳步的市场，日韩市场中医药的发展是我国中医药发展市场的主要竞争对手。日韩市场上中医药的发展主要是以兼蓄并用、自成体系为发展策略，在中医药出口发展市场份额中所占比例达到21％。以日本的中医药发展为例，日本中草药发展中，汉方制剂已经纳入日本的医疗保险，并且每年以50％～60％的增长速度进行递增发展，年均销售额达到15亿美元，人均中医药消费额在日本人均医疗费中占到近2％。此外，统计显示，日本的中医药发展促进日本目前已经拥有了60多家汉方制剂生产企业，并且生产水平达到世界一流。在日本的中医药发展中，从我国进口的中药材类型主要包括甘草、野山参、圆参等，其中以蜂皇精、银翘片、六神丸等中成药的进口数量为最多，很大程度上促进了日本中医药市场的发展。

最后，中医药发展在西方市场和非洲、阿拉伯市场中，西方市场主要包括西欧以及北美各国，主要以中草药的发展为主，尤其是对于中草药的研究，已经建立专门植物医药研究机构；而非洲与阿拉伯市场中医药的形成与发展，最早源于20世纪60年代初期我国派遣医疗队的传播和引进，使得当时这一地区中医药和草药治疗热潮得以形成和发展，成为一个正在崛起的中草药国际市场，这一市场的发展对于我国中医药的一般药品和保健品的需求量相对比较大，同时，一些芳香除臭和消炎镇痛、清新空气、保健沐浴等药品也比较受欢迎。

根据中医药在各国市场中的发展和应用情况来看，中医药不仅是人类健康保证的重要药品和种类，同时人类健康对于传统中医药的需求也逐渐增加，此外，中医药作为世界传统医学的重要榜样和标志，具有良好的发展前景和趋势。

第二节　国内中药材产业研究现状

随着人们对于中药材的认知和需求的变化，国内各部门对中药材产业的重视程度也逐渐加深，学术界也对中药材产业发展的研究有了更多的关注。中药材产业的发展需要一个过程，而在这些过程中会存在很多需要解决的问题，如：中药材资源的保护力度需要在多方面加强，特别是野生的、珍贵而又稀有的中药材；中药材生长环境的破坏，环境恶化也是在诸多领域需要解决的问题；中医文化的传承问题等被忽视（郭冬梅，2006）；合作组织带动农户能力偏低，未能形成利益共同体（洪文江，2015）；种苗质量偏低，无公害中药材规范化种植技术的意识不强（唐克 等，2008）；中药材龙头企业对中药材产业的发展没能起到一定的领头作用，这致使产业链的发展不健全，产业化程度低，市场体系不健全（马楠，2016）；种植盲目性较大，规范化程度较低，优良品种少（涂金斌 等，2016）。针对以上存在的问题，为了更好地促进发展，有关学者提出了以下建议：加快GAP（Good Agriculture Practice，中药材生产质量管理规范）认证进度，在各企业内部建立一系列符合GAP的药材基地和管理制度，使中药材能够着实地走上现代化生产、集约化管理、产业化销售的道路（韩满奎，2004）。

长久以来，学者们在对不同地区中药材发展方面进行了广泛的研究。王健敏等（2005）就浙江省中药材产业优势、发展问题等的研究内容，提出要对中草药的种植实行计划种植，以促使企业部门在充分了解市场空间后计划生产；实施药材种子种苗工程，完善市场销售体系，提供相应的信息服务等对策；杨和健等（2008）在进行安徽省休宁县中药材产业的现状调查后，指出种苗的专业化生产与供应不足等问题是当前面临的主要问题，并提出了关于建立专业化种苗基地，推行中药材产品的标准化生产，进而建立符合GAP的生产基地，并大力培育企业在中药材深加工方面的能力等；丁智慧（2007）对江西中药材产业进行研究，指出了发展中药材的优势，丘陵面积大，生产技术平稳等优势条件，进而提出了明确江西中药材产业发展的战略定位，确定科学合理的生产布局等主要对策；李万波等（2004）通过对吉林省中药材产业发展现状的调查，提出培育中药材强势市场的主体，加强药材资源保护，实现中药材的可持续发展，加强信息化平台和物流周转平台的建设等措施。陆凤美（2015）通过对云南省剑川县中药材产业发展问题的研究，指出了该地区对野生资源的保护不力，产品技术含量较低等问题，进而提出了一系列措施，诸如加强对野生濒危药材保护，加快中药材规范化生产加工基地的建设，提升药材的产业化水平等。何玉成等（2019）

以国家中药材产业技术体系“十三五”规划所确定的28种中药材为样本，分析了我国中药材产业经济现状、发展趋势和存在的问题，认为安全有效的产品属性是中药材产业经济可持续发展的生命力；道地化、良种化与生态化等是保障中药材安全有效的技术手段，但“经验品”特性导致安全有效的中药材市场失灵；突破快速、便捷和低成本检测中药材品质的技术难题是解决“劣币驱逐良币”问题的根本出路；品牌化、法治化和信息化是解决中药材产业经济可持续发展问题的辅助力量；各地方政府在中药材产业经济发展定位上，要选择“先强后大”的新路，放弃“先大后强”的老路。

第三节　山西中药材产业研究现状

随着社会经济的增长，国民消费水平的提高，人口老龄化及健康意识的增强，中药相关产品的需求日益增长，为中药产业的发展提供了广阔的发展空间。在国家提出加快培育和发展战略性新兴产业的政策下，如何使中药产业发展成为山西省具有较强发展优势和广阔市场前景的战略性新兴产业，也是值得相关管理层思考的问题。

山西省高度重视中药和中药材研究和产业化开发，从2005年开始启动了山西省科技创新中药现代化平台项目，涉及单位有山西省农业科学研究院、山西中医学院、山西医科大学、山西大学、山西省中药研究院、山西生物应用职业技术学院、山西省食品药品检验所等单位，山西省科技厅每年投资约300万元用于该项目的建设，使山西省中药材研究条件有了质的飞跃。山西省农业科学研究院经济作物研究所从1997年开始道地根茎类药材研究，主要研究方向为药用植物品种选育、栽培技术及资源综合利用。建有全国范围内资源最全的远志资源圃，保存有野生及家种资源300余份，选育远志各种育种材料500余份。2012年5月，审定全国首个远志品种晋远1号；2015年12月，审定远志品种晋远2号。“晋产远志优质高效栽培模式”于2012年被鉴定为省级科技成果，达到国际先进水平；“远志的栽培方法”“基于液相色谱指纹图谱的远志的质量检测方法”获得国家知识产权局授权的发明专利；制定了“远志生产技术规程”地方标准。近年来，已对山西省及国内丰富的中药材种资源进行了保护性挖掘、整理，并在山西生物应用职业技术学院药材种植场对现有种质资源进行完善和建设，保存山西省及国内的中药材品种资源，为道地中药材品种繁育提供多样性育种材料。此外还进行道地中药材规范化种植技术研究，总结出党参、黄芪、远志、柴胡、连翘、地黄种植标准操作规程，并指导中药材企业进行规范化种植基地建设。

与此同时，山西省专家学者从不同角度对山西中药材产业的发展进行了深入研究。侯丽萍等（2005）认为山西要实现中药材生产现代化，必须要采取建立符合 GAP 的中药材生产基地、中药材生产标准、高新科学技术、建立企业道地药材推向市场的理念、规范中药饮片使用单位的进药渠道等措施。张丽（2011）分析了山西医药产业品牌发展的历程，提出了山西医药产业品牌发展的战略对策。李晓霞（2012）阐述了山西中药材产业发展现状、取得的成绩和存在的问题，分析山西中药材产业的政策利好和发展优势，并提出山西中药材产业发展思路和措施：建设道地中药材重点基地县、扶持道地药材专业合作社、培育中药材加工龙头企业、建设道地药材标准化生产基地等。王紫艳等（2012）认为，要充分发挥中药材专业村和种植大户大量涌现的优势，在人才培养、科学技术、物质装备、加工设施以及市场开拓等方面搞好服务工作，以保证中药材专业村健康、快速地发展。闫娟娟等（2013）从产业链的视角分析山西省中药产业发展现状，并提出产业链升级的途径，包括延伸中药产业链、拓展中药产业链和整合中药产业链。武怀庆（2013）在介绍山西中药材产业基本情况和产业特点的基础上，认为制约山西中药材产业发展的主要问题是：龙头企业少、规模小，特色品种少，对中药材产业的拉动作用有限；基地规模小，标准化程度低，影响了中药材核心竞争力的提高；市场体系建设滞后，降低了山西药材的话语权。田洪岭等（2014）对吕梁山道地药材现状进行了调研，根据区域环境、资源种类、产业政策等方面探讨了吕梁山道地药材的发展模式。贺光华（2016）提出要发展山西中药材产业，必须实施五大工程：即中药材规范化种植基地建设工程，道地中药材良种选育和资源保护工程，服务体系建设工程，中药材新型经营主体培育工程，中药材产地加工水平提升工程。秦雪梅等（2016）在分析山西黄芪产业现状和存在问题的基础上，提出发展对策：利用标准策略树立“传统芪”品牌，大力发展优质传统黄芪；推进黄芪成为新资源食品，促进资源转化；发挥科技创新驱动，保障优质黄芪原料，延伸产业链。齐永红（2019）介绍了山西中药材产业发展现状与存在问题，提出了推进山西中药材产业发展的主要措施。

第四节　国内中药材产业链研究现状

产业链是经济学中的一个概念，指从初始资源到最终被消费，若干相关产业部门在经济活动中形成了有序的经济集合。著名战略学家迈克尔·波特在1985年首次提出产业价值链理论，近年来被广泛应用于产业研究。我国学者对产业链的研究最早开始于农业，随后逐步扩大到林业、能源产业、制造业、移动通信业、文化产业等领域，目前形成的理论体系较为完善。2019年10月，习近平总书记对中医药工作作出重要指示，强调要遵循中医药发展规律，传承精华，守正创新，加快推进中医药现代化、产业化。随着经济发展，人们的健康意识逐渐提高，中药产品逐渐被人们所接受。中药材产业是中药产业的第一个环节，其发展好坏直接决定中药产业的兴衰。因此，利用产业链理论对中药材产业进行分析尤为重要。

一、中药材产业链内涵研究

我国学者主要是从农业、工业、商业三大产业之间的经济关联角度、产业链中的环节联系来定义中药材产业链的内涵。学者李泊溪（2001）最早提出了中药材产业的构成：农业、工业、商业及中药知识经济产业。李全新（2007）[47] 认为中药材产业链是农业产业链中较为特色的一种，与中药材初级产品密切相关，以中药材为核心将产前、产中和产后环节联系在一起。郦芳等（2018）[49] 认为中药材产业链是由药农、收购商、批发商、第三方物流及企业基于各自利益，相互联系、相互制约形成的众多利益主体复合系统。李剑等（2010）[1230] 提出中药材产业链是中药产业链的一部分，分为上、中、下游3个部分：前期部门、中药材生产部门及加工行业。汪晓凡等（2018）[690] 认为中药材产业链是按产业主体划分的，具体指药农、药商和中药工业企业等上下游环节主体形成的协作关系。郁义鸿（2005）认为中药材产业链是指从原始的中药到最后中药材产品被消费的完整链条。李化（2015）认为中药材产业链是包括中药材种子、培育、种植中药相关产品、集加工、商贸、销售为一体的产业链条。李祺等（2010）[2216] 认为中药材产业链主要指从中药农业、种植、加工、销售、消费等各个环节形成的链条。黄新珍（2018）认为，中药材产业分为：药材种植生产、初加工、深加工、贸易、技术科研、农村扶持等。

二、中药材产业链的特征

中药材产业链具有独特的行业特征，不同学者主要从中药材产业链的长度、发展阶段、产业集群、供需双方等多方面进行了分析。李全新等（2007）[51] 认为，我国中药材产业链具有以下 5 个特征：产业链绵长、易受医药工业的影响、目前我国中药材产业中药材出口占较大比例、易受国内市场需求影响、产业链环节之间具有较强的非对称性，中药材产业市场发展不成熟。邴芳等（2018）[53] 认为中药材产业是以“道地性”资源禀赋为基础，产业价值合理分配、产品标准和功能、供需双方合作关系的调整、技术标准、产业分布地理半径影响中药材产业链的价值分配。李剑等（2010）[1233] 认为我国中药材产业链发展刚在起步阶段，基本环节不够成熟完善、信息传递不顺畅、核心主体较为模糊。张金邦等（2017）认为，现代中药材产业链集群度不高、规范化程度低。

三、中药材产业链模式研究

中药材产业链协作模式本质上是一种协作关系，现有文献对中药产业链组织模式的研究还不多见，且主要体现在农业与工业之间的环节联系上。产业链运行模式直接影响其运行效率，进而影响相关者的利益。刘水良等（2017）认为目前我国中药材产业链最主要的模式是按照上下游企业之间的分工合作关系展开的，包括：中药材的种养生产＋中药材初级加工＋中药材深加工＋中药材营销与服务。汪晓凡等（2018）[694] 按主体间的合作将中药材产业链分为 3 种类型：“药农＋药材市场＋企业”“药农＋企业”“药农＋种植专业合作社＋企业和药农＋种植专业协会＋中药企业”。现实中，除了以上 4 种模式，还存在着混合型协作模式，如“药农＋收购商（企业）＋企业”，该模式的前半部分属于市场交易模式，而后半部分属于合同模式。不同模式下的市场交易成本不同，中药材产业链交易成本分析实质上就是对上述 4 种协作模式的交易成本进行分析的过程。陈玉（2017）总结出了4类中药材产业链发展模式。

（1）乡土能人牵头带动型：以“能人＋合作社＋农户”为运行模式。

（2）企业领办辐射型：以“公司＋合作社＋农户”为运作模式。

（3）科技人员领办型：以“科技特派员（农技人员）＋合作社＋农户”为运作模式。

（4）村级组织领办型：以“村办实体经济＋合作社＋农户”为运行模式。

随着中药材产业集中度不断提高，核心企业在产业链中的地位也会日益显著，因此从核心企业角度对中药材产业链组织模式、从整条产业链的角度评价不同组织模式的绩效和提出相应对策将成为未来的研究重点。

四、中药材产业链绩效测度研究

目前，对中药材产业链绩效测度方面的研究较少，大多数学者的研究集中在对产业链的绩效评价。中药材产业链绩效的提升对于增加整个中药材产业价值具有重要意义。赵芃等（2017）认为构建、中药材产业的发展趋势逐渐向完善中药材产业链靠拢。这需要充分了解中药材产业链的运行绩效，判断其发展的状况、面临短板，以更好地促进中药材产业的发展。因此，提出了中药材产业链运行绩效的LBCT测度指标体系，其中L、B、C、T分别是指中药材产业链的长度（Length）、宽度（Breadth）、关联度（Correlativity）、厚度（Thickness）。邴芳等（2018）[84]通过供求关系、利益分配机制、价格波动幅度、合作效率高低以及外部环境稳定程度5个维度构建了中药材产业链稳定性分析体系，结果表明，稳定的供求关系对中药材产业链绩效产生直接影响，价格波动对中药材供求关系产生直接影响，要想提高中药材产业链的绩效，将中药材的价格维持在合理水平成为关键。

综上所述，我国学者对中药材产业链研究主要集中在产业链的内涵、特征、发展模式、绩效测度等方面，产业链理论未能有效深层应用到中药材产业，未能体现产业链的纵深发展和作用。鲜有从产业链角度对现代中药产业发展进行的研究，从中药材产业链微观主体间的合作机制、中药材产业链各主体之间的风险共担及利益共享联营机制研究也较少。

未来研究应重点关注以下五个方面：一是中药材产业链稳定性研究；二是不同协作模式的产业链优化问题；三是现阶段不同地区如何选择适用的中药材产业链纵向协作模式；四是从产业链角度对中药材产业链如何细分；五是中药材产业链管理组织核心研究。

第三章

中药材远志概述

第一节 远志的本草考证

一、名称及别名考证

远志始载于《神农本草经》，列为上品，谓“一名蕀蒬，一名葽绕，一名细草”，谓“叶名小草”，谓其“主咳逆伤中，补不足，除邪气，利九窍，益智慧，耳聪目明，不忘，倍力，久服轻身不老”。《本草经》引《尔雅》：“葽绕，蕀蒬”；郭注云：“今远志也，似麻黄，赤华，叶锐而黄，其上名小草”；引《说文》：“蒬，也”；引《广雅》：“蒬，远志也其上谓之小草。”宋《证类本草》谓：“远志……一名蕀蒬，一名葽绕，一名细草”并认为“今医但用远志，稀用小草。”说明远志药用部分一直为根。明《本草纲目》载：“细草，蕀蒬，葽绕”，并认为“此草服之能益智强志，故有远志之称”，并引《世说新语》：“谢安云：处则为远志，出则为小草。”可谓“远志”之名的最佳注释。明《本草品汇精要》载：“葽绕，蕀蒬，即远志也”“其苗谓之小草”。清《植物名实图考》载：“释《诗》者即以葽为远志。”综上所述，历代本草均用“远志”之名，并沿用至今。

二、产地及品种考证

远志产地最早记录于魏晋时期的《名医别录》：“生太山及宛朐。”太山为今山东泰山，宛朐为今山东菏泽市西南部，菏泽市西南部则位于黄河沿岸。可见，远志最早发现产于山东，多生长在山谷及河岸。南北朝的《本草经集注》中记载：“生太山及冤句川谷。”又记载“宛朐县属衮州济阴郡，今犹从彭城北兰陵来”，兖州为今山东济宁，兰陵为今山东临沂，从中也可推测远志最早发现产于山东。

宋代的《本草图经》（以下简称《图经》）中记载：“远志，生泰山及冤句川谷，今河、陕、京西州郡亦有之。”说明远志在山东泰山、菏泽生长以外，还增加了河南、陕西一些地区。但只有夷门（今河南开封）和解州（今山西运城盐湖区）远志为远志科植物远志。由此可见，《图经》中记载的远志除了在山东泰山、菏泽生长，在河南开封和山西运城也有发现，地处黄河沿岸。明代《本草纲目》（以下简称《纲目》）中记载："别录曰：远志生太山及冤句川谷。弘景曰：冤句属衮州济阴郡，今此药犹从彭城北兰陵来。颂曰：今河、陕、洛西州郡亦有之。"因此，远志产地增加了洛阳。

清《植物名实图考》中记载："救荒本草：俗传夷门远志最佳，今蜜系梁家冲山谷间多有之。《图经》载数种，所谓似大青而小，三月开花白色者，不知何处所产。今太原产者，与救荒本草图同，原图解州远志，不应与太原产迥异。"因此认为山西太原、运城远志均为远志科植物远志。而山西运城地处黄河沿岸、中条山下，较适宜远志的生长。

明代的《本草纲目》中记载："远志有大叶、小叶二种，陶弘景所说者小叶也，马志所说者大叶也，大叶者花红。"将《纲目》的大叶远志、小叶远志与《中华本草》的远志和卵叶远志进行比较，认为小叶者，为远志，大叶者，为卵叶远志（*Polygala sibirica* L.）。

三、性效考证

《神农本草经》又称《本草经》或《本经》，托名"神农"所作，实成书于汉代，是中医四大经典著作之一，是已知最早的中药学著作。《神农本草经》将远志列为上品，视为养生不老之药，谓"主咳逆伤中，补不足，除邪气，利九窍，益智慧，耳聪目明，不忘，倍力，久服轻身不老"。《药性论》载："治心神健忘，安魂魄，令人不迷，坚壮阳道，主梦邪。"《日华子》载："主膈气，惊魇，长肌肉，助筋骨，妇人血噤、失音，小儿客忤，服无忌。"《名医别录》谓："主利丈夫，定心气，止惊悸，益精、去心下膈气，皮肤中热，面目黄，久服好颜色，延年。"《政类本草》载："利丈夫，定心气，治惊悸，益精，去心下隔气，皮肤中热，面目黄。"《抱朴子》云："久服令人有子。"缪希雍《本草经疏》谓："痈疽皆从七情忧郁恼怒而得，远志辛能散郁，并善豁痰。"《神农本草经》："《经》不言（远志）能化痰，而化痰甚效，想亦开郁之效也。"清代《本草述钩元》谓："味苦微辛，气温芳豖。又，苦泄热，温壮气，辛散郁，肾经气分药……治小便赤浊及肾积奔系。又，远志酒治一切痈疽，奇效。同枣仁、茯神、人参、地黄、丹砂，为镇心定惊要药。同人参柏仁枣仁麦冬五味归身益智，茯苓神生地甘草沉香，治心气弱，心血少，馁怯易悸，梦寐多魇，神不守舍，怔忡健忘，失志，阳痿；同茯神人参白术炙草枣仁木香龙眼肉，能归脾益智；入当归六黄汤，治阴虚盗汗。”并论述“远志独以益智见长者，以志固静中之动机，所谓阴中阳也”。清《本草害利》：“善疗痈毒，敷服皆奇。”总结上述文献，表明远志的功效主要有“止咳化痰”“安神益智”“镇静催眠”“益精”“延年益寿”以及“散郁消肿”等；主治健忘、失眠、惊悸、咳逆、痈疽等症。从《神农本草经》时代沿用至今，远志功效发明不多，但后世对远志功效机理的认识阐发颇多。

四、配伍禁忌

《神农本草经》谓：“得茯苓、冬葵子、龙骨良，杀天雄、附子毒，畏珍珠、蜚蠊、藜芦、齐蛤、薯蓣，紫芝为使，恶甘遂。”《药性论》载：“远志畏蛴螬。”清代《本草从新》载：“远志交通心肾，并无补性。虚而挟滞者，同养血补气药用。资其宣导，臻于太和，不可多用独用；纯虚无滞者忌。”《本草害利》载：“此无补性，虚而挟滞者，同养血、补气药用，交通心肾，资其宣导，臻于太和。不可多用、独用。纯虚无滞者，误服之，令人空洞悬心痛。几心经有实大火，应用黄连、生地者，禁与参、术等补阳气药同用也。”

五、采收加工与炮制

（一）采收

《政类本草》：“四月采根、叶，阴干。”《图经本草》：“晒干用。”《本草品汇精要》：“四月取根”“根肥大者为好。”

（二）炮制

远志的炮制始见于晋《刘涓子鬼遗方》，有“去心”的记载。《雷公炮炙论》：“远志，凡使，先需去心……去心了，用熟甘草汤浸宿，漉出，曝干用之也。”并认为：“若不去心，服之令人闷。”宋代有“炒”“焙”“姜汁浸炒”“酒浸，洗去心，酒洒蒸，炒干”“去心，剉洗，炒黄色”“去心，甘草煮干”等，炮制方法渐趋多样化。元代又有“姜汁蘸湿，取肉焙”“去心，用酒浸令透”；从明代开始复制法开始增多，如

“黑豆甘草同煮”“姜汁焙”“猪胆汁煮过晒干，用姜汁制”等。清代沿用前法，又有“米泔浸洗，捶去心”或用“炭”“炙”“盐水炒”等炮制方法。现代《全国中药炮制规范》收载“制远志”“蜜远志”“朱远志”等，《中药炮制经验集成》收有“制远志”“姜制”“朱远志”“炒远志”“焦远志”“远志炭”“蜜远志”等。

综上，远志的炮制方法众多。“去心”是个加工的概念，现在已经不需要去心；单一的“炒”“焙”“炙”“制”是不加辅料炮制的方法；应用辅料的炮制方法更多，如“甘草煮”“甘草汤浸”“姜炒”“姜汁淹”“酒蒸”“米泔”等；多种辅料炮制如以甘草、姜为辅料，甘草、黑豆、姜为辅料，猪胆汁、姜为辅料等。发展到现代，以甘草制、蜜炙为多，多种辅料炮制的方法已不用。

第二节　远志的生物学特性

一、远志的形态解剖学研究

（一）营养器官的形态和结构

细叶远志为多年生草本，高 15～50 cm。根圆柱形，长达 40 cm，肥厚，淡黄白色，具有少数侧根。茎直立或铺散，丛生；上部多分枝。叶互生；叶片狭线形或线状披针形，长 1～4 cm，宽 1～3 mm；无柄或近无柄。

卵叶远志与细叶远志相似，主要区别在于茎多分支，被短绒毛。叶纸质至近革质，椭圆形至矩圆状披针形或宽披针形，长 1～3 cm，宽 3～6 mm；微被柔毛，具骨质短尖头，主脉在上表面隆起，侧脉不明显；有短柄。

根是远志的药用器官，其结构特征对药材鉴别和产量有直接影响，因此成为解剖结构研究的主要对象。细叶远志根的初生结构主要由表皮、皮层和中柱构成。次生结构具有双子叶植物根的典型特点，由周皮和维管组织构成。横切面观，其木栓层由 10 余列细胞组成，外侧 1～2 列细胞大多扁平，切向延长，径向壁较整齐；内侧细胞形状不规则，壁略呈微波状弯曲，有纹孔，壁呈间断状。皮层薄壁细胞类圆形或长圆形，有纹孔群，有时有横隔而形成母子细胞，细胞内充满脂肪油滴。韧皮部宽广。形成层不明显。木质部导管散在或数个成群，圆多角形，直径 6～42 μm；木纤维多成群排列，多角形，直径 5～20 μm，壁厚 3～4 μm；木薄壁细胞较小，壁木质化增厚；射线宽 1～3 列细胞。无髓。根组织及粉末观察，丰富的脂肪油滴以及木栓细胞有细密纹孔，这两个特征在细叶远志中很稳定，可以将木栓细胞壁有细密纹孔作为鉴别细叶远志的依据之一。

卵叶远志根的初生结构与细叶远志根类似。次生结构也是由周皮和维管组织构成，木栓层为 5～12 列细胞，厚 98～260 μm，外侧 3～8 列细胞类长方形或多角形，排列较整齐，壁木质化，有纹孔，壁呈间断状；内侧 2～6 列细胞不整齐，壁微木质化或不木化，有少许脂肪油滴散在。皮层较窄，偶见母子细胞，有脂肪油滴。韧皮部较宽，有时可见封闭组织。木质部导管散在或切向排列成环，不规则多角形或类圆形，直径 15～46 μm；木纤维多成群，直径 10～15 μm，壁厚约 3 μm，与木化的木薄壁细胞紧密排列；木射线宽 1 列细胞，少数 2～3 列，壁微木化。

对于细叶远志茎叶部分的结构仅有一些简单的描述，而卵叶远志的茎叶结构未见报道。

（二）生殖器官的形态和结构

细叶远志总状花序长约 2～14 cm，扁侧状生于小枝顶端，常稍弯曲；花淡蓝紫色，长约 6 mm，花梗细弱，长约 3～6 mm；苞片 3 枚，极小，易脱落萼片 5，外轮 3 枚较小，线状披针形，内轮 2 枚呈花瓣状，花瓣 3 枚，基部合生，两侧花瓣为歪倒卵形，中央花瓣较大，呈龙骨瓣状，背面顶端有撕裂成条的鸡冠状附属物；雄蕊 8 枚，花丝 2/3 以下联合成鞘状，上 1/3 两边各 3 枚合生，中间 2 枚离生；子房倒卵形，扁平，花柱线形，柱头两裂。蒴果扁平，边缘有狭翅，绿色。种子密被白色短绒毛，上端有白色发达的种阜，3 裂下延。

卵叶远志总状花序则为腋外生或假顶生，通常高出茎顶；萼片 5，背部及边缘具缘毛，外轮 3 枚小，披针形，内轮 2 枚大，花瓣状；花瓣 3 枚，蓝紫色，侧生花瓣倒卵形，2/5 以下与龙骨瓣合生，龙骨瓣较长，背面顶端有撕裂成条的鸡冠状附属物；雄蕊 8 枚，2/3 以下联合成鞘状，1/3 以上各 4 枚合生；子房倒卵形。茹果近倒心形，直径约 5 mm，具狭翅，翅宽 0.5 mm。种子黑棕色，被白色短绒毛，种阜 3 裂下延。

我国学者曾对远志属 8 种植物花粉粒作了扫描电镜观察。其中，细叶远志的花粉粒近球型，大小为 25.3～26.5 μm，具有 16～18 个孔沟，沟间距离约 2.8 μm，脊较光滑；沟膜宽 1.3～2.0 μm，表面纹饰模糊，极面有颗粒状纹饰；卵叶远志的花粉粒长球型，大小为 28—（31）× 30—（32）μm，具有 16 个孔沟，沟间距离约 3 μm，脊较光滑；沟膜宽 1.4～2 μm，表面有颗粒状纹饰，两极面有凹陷的沟纹，形似脑纹。

二、生态学特性研究

远志是一种适应性很强的中旱生植物，喜凉爽忌高温，耐干旱怕水涝，常见于北方向阳山坡草地、林缘、田埂和路旁处，亚热带中高山地也有零星分布。常分布于下列群落：沙棘灌丛、榛灌丛、白羊草草原、线叶菊草原、羊茅—线叶菊—石生杂类草草原、百里香草草原、铁杆蒿草原等。

远志适宜的气候条件为全年太阳总辐射量 120～140 kcal/cm^2，以 135 kcal/cm^2 为最佳；年平均气温 −4～6 ℃，能承受 −30 ℃的低温，耐 38 ℃的高温，但持续时间过长，地上茎会提前凋萎，甚至影响种子成熟；年降水量 300～500 mm。春季植物返青季节和开花期需水量多，降水量的最佳范围为 200 mm 左右，适宜土壤为栗钙土、灰色土和草原黄沙土。黏土和低湿地不适于生长。

三、种子研究

由于已经进行了细叶远志的人工栽培，故对其种子的研究较多。细叶远志种子千粒鲜重 3.7～5.8 g，具有形态后熟特性。种子放置 1 年发芽率与新采种子相似，但放置 2 年发芽率显著下降，一般情况可储存 3 年。种子繁殖时，通常播种 7～10 d 出苗。在空气及芽床中有一定湿度的前提下，种子在温度 15 ℃以下无萌发现象，甚至全部丧失生长能力；若在同等条件下，温度在 22～25 ℃时，种子有 70% 左右萌发生长，但以 25～30 ℃为好，在有光照的变温箱内发芽率降低，有可能种子萌发时为光所抑制。用物理或化学方法对种子进行处理，可以提高远志种子的发芽速度。同等条件下用温水浸种与不浸种，前者比后者提前一天萌芽并生长较快。用不同浓度的尿液浸种无明显区别。浸种时间在 5～8 h 内无差异。

种子质量是远志生产中的关键环节之一。田洪岭等（2018）对全国各产地的远志种子进行了研究，制定了山西省地方标准《远志种子》（DB14/T1600—2018），规定了远志种子的术语和定义、质量要求、包装、运输、储藏等。该研究制定了生产上用种的质量要求，为远志生产基地的选种或制种提供了参考依据。田伟等（2006）采用常规方法测定不同产区、不同批次细叶远志种子的饱满度、净度、千粒重、发芽率等指标，比较不同产地细叶远志种子的质量。结果发现不同来源的细叶远志种子质量上存在较大差异。其中山西绛县细叶远志种子在饱满度、净度、发芽率和发芽势等指标上均表现较好，饱满度达 95.67%，净度达 95.11%，发芽率达 94.7%，发芽势达 68%。

四、生长发育特性研究

北方地区远志 3 月底开始返青，4 月中下旬展叶，5 月初现蕾，5 月中旬开花，花期较长，至 8 月中旬仍有开花，但后期花的果实不能成熟。6 月中旬主枝上的果实成熟开裂。9 月底地上部分停止生长，进入休眠期。当年播种的远志冬季其根长度可达 25 cm 以上，第二年冬季可达 1 m。在人工种植条件下，其生长发育进程可加快或提前一些，提早出苗约 15 d，倒苗推后约 30 d。

五、组织培养研究

人工栽培远志主要以种子进行繁殖，种子繁殖中存在以下问题：远志果实为蒴果，成熟后自然开裂，难于采收；蚂蚁喜食远志种子，易造成缺苗；种苗生长速度慢，生长周期长等。为此，组织培养是远志的人工栽培和良种快速繁殖的有效途径之一。

秦金山等（1986）用细叶远志的叶片作为外植体诱导出完整植株。采用 MS+NAA0.5 mg/L+6-BA0.1 mg/L 的培养基来诱导愈伤组织，避光培养，温度为 20～25 ℃，一个月后产生大量黄白色的愈伤组织，诱导率为 56%；采用 MS+6-BA2.0 mg/L+NAA0.2 mg/L 和 MS+6-BA0.5 mg/L 的培养基诱导愈伤组织再分化，光照培养，温度为 23～28 ℃，三周后可分化成苗，分化率均为 100%；诱导小苗生根的培养基为 MS+IBA2.0 mg/L。

王光远等（1986）用 MS+2，4-D1.0 mg/L 组成的培养基诱导幼叶产生愈伤组织，在 MS+6-BA4.0 mg/L+IAA1.0 mg/L 的培养基中诱导愈伤组织分化；幼茎、带腋芽茎段在 MS+6-BA4.0 mg/L+IAA0.5 mg/L 的培养基中，经过 5 周的培养，每个腋芽都萌发出 5～12 个丛生芽，幼茎在培养 6 周后每个茎段平均有 12～26 个幼芽。诱导生根的培养基为 1/2MS+NAA0.2 mg/L、1/2MS+NAA0.2 mg/L+IAA0.2 mg/L。其中由茎段和腋芽可直接分化得苗，缩短了时间，苗也比正常的粗壮。

胡侃等（2008）用远志无菌种苗的茎尖和茎段为外植体，获得了再生试管植株。发现 MS 培养基+6-BA1.5 mg/L+KT0.1 mg/L+NAA0.2 mg/L 对远志芽的增殖与生长具有良好的促进作用，芽的平均增殖率为 560%；附加 IBA0.2 mg/L、NAA0.5 mg/L、DSC1.0 mg/L 的 1/2MS 培养基适宜远志无根苗的生根，平均生根率为 95%，平均生根数为 5 条，平均根长为 11 cm。同时发现 DSC 是诱导远志试管苗生根的一种理想外源激素。通过种子诱导无菌苗，再通过丛生苗进行植株的繁殖、扩大，建立起远志的快速繁殖体系。这一方法为推动远志人工种植和生产提供了有效的技术手段。

虽然人们对远志的生物学研究有一定积累，但由于远志栽培历史不长，对其授粉习性、种质资源等基础研究严重不足。因此，很有必要加强这方面工作，为远志栽培育种研究奠定基础。

第三节　远志资源的地理分布

远志科远志植物广泛分布于全世界，约 500 种，分布在欧洲东部、俄罗斯西伯利亚、尼泊尔、克什米尔地区、印度东北部、蒙古国、朝鲜北部等地。我国远志属植物有 42 种，8 变种，分布于广西、广东、云南、贵州等地，特别是西南比较丰富。远志属植物大多喜温不耐寒，多分布于热带、亚热带地区，生长于山坡丛林、林缘、路边灌丛、草地、沙滩、沟谷林下等不同的环境。远志属的分布对海拔有一定的要求，多数分布于 1000～2000 m 的海拔。分布于海拔 500 m 以下的只有红花远志（*Polygala tricholopha*）、黄花倒水莲（*Polygala fallax*）、大叶金牛（*Polygala latouchei*）、细叶远志（*Polygala tenuifolia*）、狭叶香港远志（*Polygala hongkongensis* var. *stenophylla*）等少数类群，分布在

3000 m以上的仅单瓣远志（*Polygala monopetala*）一种。温度对远志属的分布有一定的影响。由于远志属植物的分布，或者在低纬度地区，或者高纬度地区的偏暖地带，因此远志属的分布呈现出温度偏高的要求。湿度对远志属的分布也有强烈的影响。如在云南地区，由于东南及西南部的降水量比周围其他地区高，因而远志属的种类较丰富，分布密度也较高，此外在西藏东南部中等海拔（2000 m左右）地带，年降水量较高，分布的种类也较多，黄河以北地区由于受大陆性温带干旱荒漠气候的影响，降雨量少，分布的物种种类就少，密度也低，这些说明，我国远志属的分布，受湿度影响较大。

现在市场上远志的主流品种是细叶远志。野生状态的细叶远志在我国分布于黑龙江、吉林、辽宁、内蒙古、河北、山西、陕西、宁夏、甘肃、青海、河南、山东、江苏、安徽、浙江、江西、湖南、四川等地，而福建、云南、湖北、西藏等地无分布。卵叶远志与远志基本相同，但在西藏、云南有分布，而江苏、安徽、浙江无分布。商品远志的产地均集中在北方，以山西和陕西两地产量最大，传统也认为这两地产的质量最好。东北、华北、甘肃、河南以及山东、安徽等省的部分地区也有一定产量，其植物来源主要是细叶远志。

第四节　药用远志资源概况

中国远志属药用资源丰富，总计19种4变种在不同的地区做不同的药用，占本属物种总数的46%，小扁豆（*Polygala tatarinowii*）、瓜子金（*Polygala japonica*）、细叶远志（*Polygala tenuifolia*）、卵叶远志（*Polygala sibirica*）属广布种。新疆、西藏地区分别分布有新疆远志（*Polygala hybrida*）、西南远志（*Polygala cortalarioides*），东南沿海地区分布有小花远志（*Polygala arvensis*）、狭叶香港远志（*Polygala hongkongensis* var. *stenophylla*）、黄花倒水莲（*Polygala fallax*）。云南、贵州分布16种，广东、广西分布13种。从药源来看，据徐国钧等调查，现在市场上远志的主流品种是细叶远志（*Polygala tenuifolia*），此外有少量卵叶远志（*Polygala sibirica*）和瓜子金（*Polygala japonica*）。远志之苗称为小草，狭义的小草，系指细叶远志（*Polygala tenuifolia*）之苗而言，广义的小草，根据华北地区的用药习惯，包括细叶远志（*Polygala tenuifolia*）、卵叶远志（*Polygala sibirica*）、瓜子金（*Polygala japonica*）的幼苗。华东地区与华北地区稍有不同，该地区以远志属的瓜子金（*Polygala japonica*）、卵叶远志（*Polygala sibirica*）、狭叶香港远志（*Polygala hongkongensis* var. *stenophylla*）的地上部分或带根全草入药，称“竹叶地丁”。《滇南本草》载有苦远志（*Polygala sibirica* var. *megalopha*），主产云南。黄花倒水莲（*Polygala fallax*）在广西有收购，华南远志（*Polygala glomerata*）在两广部分地区有商品供应，广西商品名为“紫背金牛”，广东名为“大金不换”。

第四章

山西远志资源

第一节 山西远志引种历史

根据文献记载，远志的产区最早在山东，后来沿着黄河流域向上游扩展，增加了河南、陕西等产地，以河南省夷门（今河南开封）为最佳。宋代以后，山西出产远志被发现，现今售远志药材主要来源于山西，并将山西列为远志的道地产区。

第二节 远志资源类型和分布

栽培远志以细叶远志为主，野生资源也多为细叶远志，卵叶远志资源甚少。远志产区分布特点为野生资源分散、栽培资源集中。

一、远志的野生资源分布与特点

远志资源分布分散，主要分布在山西、陕西、河南等丘陵地，内蒙古、山东、辽宁等地亦有少量分布。榆林产区药农采用野生抚育的方式进行种植，根据远志生长特点及对生态环境的要求，在坡地、林地等广泛撒种，待远志种群数量达到可以采集的资源量时进行采集。野生资源集散地也主要集中于陕西榆林等地。

山西地形的特点是复杂多样，山地、丘陵、盆地、平原等是主要的地貌类型，多样性的地貌特点适合远志生长。山西野生远志资源分布较广，主要分布在天镇、阳高、五台、定襄、忻州、榆次、临县、石楼、兴县、吉县、曲沃、稷山、绛县、新绛、闻喜、万荣、平陆、夏县、芮城等地。而且高低悬殊，既有纬度地带性气候，又有明显的垂直变化。从水平分布看，山西野生远志的地理坐标集中分布在北纬 34°41′54″～40°24′12.68″，东经 110°22′0.55″～114°7′40.25″的区域。整个区域跨纬度 5°42′18.68″，跨经度 3°45′39.7″。其中，分布最南端的地点为运城市永济市的韩阳镇（北纬 34°41′54″），最北端为大同市的天镇县玉泉镇

（北纬 40°24′12.68″）。从垂直分布看，山西野生远志的分布区域在海拔 391～1526 m，最为常见的是海拔 400～1100 m。其中，垂直分布最低区域为运城市永济市虞乡镇石佛寺村的山底，海拔高度为 391 m；最高区域为大同市左云县厂汉营乡八台子村的山顶，海拔高度为 1526 m。从气候区域看，山西省野生远志主要分布在温带及中温带大陆季风性气候区域，分布比较密集的是温带干旱性气候区域。

远志的习性是喜好凉爽、耐干旱、忌高温，野外主要生长在较干旱的路旁、田野、山坡等地。山西省野生远志主要集中分布在阳面、半山腰的干旱沙质土壤中，在这种环境下生长的远志根茎粗壮，长势旺盛；远志在山顶和山底生长的情况有所不同，在山顶生长的远志根茎较细小，植株较为矮小，相对弱小；在山底生长的野生远志则分布密度较小，根茎较细，这是由于山底碎石多，土壤湿度大，造成远志生长受抑制。远志在山西南部和北部地区的表现也不一样，南部区域远志植株较为粗大，这是由于气候、土质、土壤湿度等条件能够满足远志的生长需要。而晋北地区由于常年多风，降雨量少，导致远志生长受抑制，根茎较细，叶片相对较小。同时人工因素对野生远志资源的分布及生长状况也有一定的影响。山西远志主要分布在年平均温度 5～14.1 ℃、年降水量为 350～700 mm 的地区；多集中在年平均温度为 6.4～14 ℃、年均降水量为 400～500 mm 的环境中。

二、远志栽培资源分布与特点

目前，在山西、陕西、河北和山东等地均有人工种植远志分布。山西人工种植远志资源集中分布于山西南部运城、临汾等地，主要分布在新绛、闻喜、稷山、襄汾、洪洞、曲沃、侯马、万荣、临汾、平遥、绛县等地，其中以新绛、闻喜、稷山稷王山—峨嵋岭台地一带的远志种植技术较为成熟，成为远志重要的种植、加工、购销集散地，全国 80％的远志在这里进行初加工，然后销往全国各地，远志已经成为当地的主导产业。山西其他地区也有零星种植，如汾阳、兴县、沁源、繁峙、岚县、太谷等。近年来远志市场价格稳中有升，农民种植积极性高涨，种植地区已经扩散到全省。

山西吕梁山县、晋南盆地、陕北高原及陇东平原野生远志蕴藏量达 2000 t，占全国的 70％。河北坝上高原的张北、张家口、隆化等地年收购量约有 100 t，占全国的 20%。山西省远志根条肥大、皮细肉厚、色泽黄白、气味特殊，销往全国各地并出口。

第三节 远志药材历史产区沿革

远志始载于《神农本草经》，列为上品，“其味苦温。主咳逆，伤中，补不足，除邪气，利九窍，益智慧，耳目聪明，不忘，强志倍力。久服，轻身不老”。明代李时珍《本草纲目》曰：“此草服之能益智强志，故有远志之称。”远志资源品种众多，在我国广泛分布。《中国药典》规定以远志和卵叶远志作药用，但因卵叶远志的野生蕴藏量较少，目前商品远志主要为远志，故在此只对远志科植物远志的产地变迁进行总结分析。

远志产地最早记录于魏晋时期的《名医别录》，“生太山及宛朐”，太山为今山东泰山，宛朐为今山东菏泽市西南部，菏泽市西南部则位于黄河沿岸。

南北朝的《本草经集注》中记载：“生太山及冤句川谷。”又记载“宛朐县属兖州济阴郡，今犹从彭城北兰陵来”，兖州为今山东济宁，兰陵为今山东临沂。

宋代的《本草图经》中记载：“远志，生泰山及冤句川谷，今河、陕、京西州郡亦有之。”但“泗州出者花红，根、叶俱大于他处；商州者根又黑色”，泗州今为河南省南阳市，商州为今陕西省商洛市，只有夷门（今河南开封）和解州（今山西运城盐湖区）远志为远志科植物远志。

明代《本草纲目》中记载：“别录曰：远志生太山及冤句川谷。弘景曰：冤句属兖州济阴郡，今此药犹从彭城北兰陵来。颂曰：今河、陕、洛西州郡亦有之。”

清代《本草从新》记载以山西省为远志药材的道地产区：“山西白皮者佳（山东黑皮者，次之）。”

清代《植物名实图考》中记载：“救荒本草：俗传夷门远志最佳，今蜜县梁家冲山谷间多有之。图经载数种，所谓似大青而小，三月开花白色者，不知何处所产。今太原产者，与救荒本草图同，原图解州远志，不应与太原产迥异。”

《中国药材学》(1996 年版) 收载:“远志分布于东北、华北及山东、陕西、甘肃。主产于山西、河南、河北、陕西;内蒙古、吉林、辽宁、山东、安徽等地亦产。山西、陕西产品销全国,并出口。”

《中华本草》(1998 年版) 收载:“远志分布于东北、华北、西北及山东、江苏、安徽和江西等地。主产于东北、华北、西北以及河南、山东、安徽部分地区,以山西、陕西产量最大。销全国,并出口。”

《500 味常用中药材的经验鉴别》(1999 年版) 收载:“远志商品多来源于野生资源,分布于华北、东北及西北广大地区。主产于河北迁西、平山、平泉;山西五台、忻州、石楼;内蒙古准格尔旗、扎鲁特旗、阿鲁科尔沁旗、达拉特旗;辽宁义县、阜新、彰武;吉林洮南、双阳;山东淄川、沂水、博山、枣庄;河南卢氏、林县、辉县;陕西延长、绥德、神木、清涧、韩城、咸阳;甘肃清水、武山、张家川、镇远等地,多以山西所产为道地产品。”

《现代中药材商品通鉴》(2001 年版) 收载:“远志主产于山西阳高、闻喜、榆次、芮城,陕西韩城、大荔、华阴、绥德、咸阳,吉林哲里木盟及白城地区,河南巩县、卢氏。此外,山东、内蒙古、安徽、辽宁、河北等地均产。”

《金世元中药材传统鉴别经验》(2010 年版) 收载:“远志主产于山西晋南地区如曲沃、绛县、闻喜、侯马、夏县、稷山、万荣、芮城、翼城、永济,陕西韩城、郃阳、华阴、大荔、澄城、蒲城,河南三门峡市陕州、渑池、林县、荥阳、巩县、栾川、卢氏、南召,河北迁西、平山、易县、涞源、迁安、平泉、承德,内蒙古赤峰地区,山东临沂地区以及辽宁、宁夏、甘肃等地。远志的产地很广,但无论质量还是产量均以山西为首位。”

经过对历代本草中对于远志主产地记载的整理,发现远志产区主要沿黄河流域分布、迁移,从最早有记录的产地山东菏泽、泰山等地,到宋、明时期的本草增加了河南开封、南阳、洛阳及山西运城等产地,清代与近现代本草中则多以山西、陕西作为远志的道地产区,而其中又以山西量大质优为道地产区首选,且在 20 世纪 80 年代山西运城地区的药农完成野生远志的引种驯化,而今已有 40 年之久,形成了独特成熟的采收、加工、贮藏方式,并成为重要的远志集散地,是以现代将山西立为远志的道地产区。

结合古代本草及近现代文献调研，并经过市场与产地实地调研后，本部分认为远志的道地产区应以黄河中游流域为核心地域（以山西的吕梁山脉、中条山脉及周边地区为主）。

第四节　远志主产区的变化

远志栽培资源集中分布于山西南部运城、临汾等地，主要集中于新绛、闻喜、绛县、侯马、洪洞等地，山西其他地区也有零星种植，副产区有陕西澄城产区、河北邢台产区。栽培远志在生长期需要人工锄草数次，费工费时，同时随着远志种子价格的提高，投入成本逐年增加，主产区药农大多选择省工省力的黄芩、柴胡种植。面对野生资源的冲击，栽培远志锐减，近两年随着远志价格的上涨，远志种植面积有所增加。

一、山西产区栽培远志种植面积从旺盛到锐减再到慢慢恢复

山西闻喜、新绛是传统栽培远志的主产区，2000 年左右远志种植面积约有 666.7 hm^2，随着黄芩、柴胡、半夏价格的升高，药农逐渐减少了费时费工的远志种植面积，改种黄芩、柴胡、半夏等药材，当地栽培远志种质面积锐减。至 2017 年 2 月，闻喜、新绛当地 3 年生在地远志不足 333.3 hm^2。种植面积减少到不足旺盛时期的 1/3，远志副产区面积也在锐减，洪洞堤村、霍州产区种植面积大约 26.7 hm^2，洪洞上安区、下安区、襄汾产区不足 20 hm^2，陕西合阳、澄县产区面积不足 33.3 hm^2，按照亩产 300 kg 计算，2018 年栽培远志供应量大约 960 t，按照 5∶1 折干，供应远志筒不足 200 t。近两年随着远志价格的上涨，药农又纷纷改种远志，远志种植面积也在慢慢恢复。据山西远志主要产区统计，2018 年各地新种和在地面积约为 8204.1 hm^2 左右，总产量为 0.45 万 t，产值 6.9 亿元（以统货干货价格统计）。

二、野生资源严重枯竭

2015 年版《中国药典》的实施，陕西野生远志更加符合标准，导致野生资源成为近两年远志市场的主流。陕西远志野生资源采挖严重，至 2017 年 10 月，绥德、米脂等地代理商出货野生远志鲜条约 2500 t，横山、

延川、佳县、子洲等地代理商出货远志鲜条 1100 t，合计约 3600 t，生产远志鲜条 900 t，导致当前远志存量不足 2017 年的 15%。

三、山西产区与其他产区的比较

山西省作为远志主产区，供应了市场远志的 80%左右，以运城、临汾为主向周边县市延伸。种植模式多以大面积、成片规模化种植为主，种植区域相对集中。而陕西、河南、河北生产的远志市场占比分别为 10%、5%、5%，通常零星种植，规模化不强。相比其他产区，山西省远志有一定的资源优势和规模优势，见表 4.1。

表 4.1　远志山西产区与其他产区的对比

产地	市场份额	产品类型	种植模式	栽培技术
山西	约 80%	多进行抽筒初加工，产品类型主要是远志筒，有零星远志肉、远志棍	大面积成片规模化种植，集中度高	山西远志栽培历时 30 余年，药农栽培技术娴熟，田间管理能力强
其他地区	约 20%（其中陕西 10%、河南 5%、河北 5%）	不抽筒，产品类型以全远志为主	除陕西多为野生抚育外，河南、河北多为药农零星种植，种植分散	管理粗放，田间管理能力相对较弱

第五节　远志资源利用现状

远志属药用资源丰富，但以细叶远志（*Polygala tenuifolia*）为主。远志作为佐药，不单独使用。目前，随着经济社会的飞速发展和人民生活水平的不断提升，安神益智药物的研发已刻不容缓，远志在安神益智方面的功效历史悠久，但此作用的研究起步晚，仍在研究探索阶段，有待进一步深入探究。我国远志属药用植物资源丰富，具有广泛的临床应用价值且需求量越来越大。因此，对远志属药用植物的栽培技术、化学成分、药效等展开系统研究是很有必要的。这不仅有着深远的现实意义和广阔的市场前景，而且也能更合理、更有效地开发利用我国的药用植物资源创造条件。远志的商品主要来自野生资源，但近年来重挖轻抚，只挖不栽，野生资源已岌岌可危。野生资源逐年减少，远志的人工栽培与开发利用前景广阔且具有深远的现实意义。

一、制远志

甘草制远志习称制远志、炙远志，是临床应用最多的远志炮制品，并被列入《中华人民共和国药典》。甘草制远志炮制工艺主要包括辅料甘草煎煮工艺，远志甘草煎煮工艺等过程。以甘草酸单铵盐含量为指标，以 8 倍量水浸泡 30 min，煎煮 3 次，每次 45 min 为宜。以远志总皂苷含量、远志酸含量为指标，以甘草水没过药材面 1 cm，不浸泡，140 ℃煮至汤吸尽为宜。远志经甘草制后，在化痰、止咳、益智作用上与生品相当，在安神作用上较生品有增强的趋势。

二、远志饮片

生远志饮片和甘草制远志饮片远志酸含量以干燥品计都不得低于 0.7%。中药饮片的规格等级是衡量中药质量优劣的重要参考依据。中心直径≥3.0 mm 为一等品，<3.0 mm 为二等品。抽心率在一定程度上也可以反映制远志的质量。一等品抽心率的范围是 94.9%～99.9%，平均抽心率为 97.4%，暂定其限度≥90%；二等品抽心率的范围是 86.9%～97.7%，其限度为≥85%。

三、有效成分提取

近 30 年以来，对远志的化学成分研究较多，主要成分为皂苷类、酮、寡糖酯类、生物碱、糖类、脂肪油、树脂及四氢非洲防己胺等物质。对远志复杂成分的提取分离纯化，有利于确切的临床疗效和中药的推广。

四、小草叶茶

远志以根入药，叶子多数被丢弃，造成大量资源浪费、环境污染等问题。远志叶具有安神益智、祛痰、消肿的功能，用于治疗失眠多梦、健忘惊悸，神志恍惚等症。山西农业科学院经济作物研究所对远志叶绿茶的制作、功效进行了研究与开发，不仅轻松改善了人们的睡眠质量，而且提高了资源综合利用率。

第六节　山西远志产业面临的问题

一、人工种植远志种质混杂、退化严重

通过多次田间走访调研，各地的栽培远志田间个体植物形态区别很大，在花色、株高、分枝多少、叶片大小、株型等方面存在较大差异，主要原因是大部分栽培远志经过短期的引种驯化，尚没有形成栽培的品种，药农引种时又存在盲目性，未经筛选，因此栽培群体混杂，植株间个体差异较大，这很可能会直接影响药材的品质，影响程度如何还有待进一步研究。

山西的远志栽培地区，药农所用的远志种子，有的是由药材市场采购，有的自产自用，有的直接采自野生远志的种子，当地政府也没有加以引导和管理，造成种源相当混杂，经过二三代种植后，远志个体间的植物形态和药材性状等出现较大差异，出现了变异和退化。

二、管理水平参差不齐

规模化药材公司和实力强的家庭农场种植、加工水平相对比较高，种植生产的药材直接出售给大型药材加工企业，但是山西省远志种植以合作社所占比重大，且专业种植比重不大，基本以混合种植为主，同时种植远志和其他药材。混合种植环境下，对所有药材种植过程相差不大，导致对远志的专业化种植程度降低，管理水平降低。

大部分合作社以中老年人为主，受教育程度文化水平都不太高，也没有专业的组织来培训普及关于远志种植、加工、管理等方面的专业知识，观念都比较本土化，不能很快接受先进的种植、加工技术，大部分都是靠经验进行远志种植、加工。长时间会造成远志良种覆盖率低、种质退化、标准不合格等问题。药材加工企业尽管也为一些合作社提供了机械及其技术指导，但是管理水平低、设备不能及时保持跟进等基础问题还是存在着，大多数种植户由于种植不规范、肥料农药使用不合理、加工不够精细等问题导致远志药材的各项指标不符合标准、导致其产量下降。

三、远志生产缺乏信息共享，生产无序、无组织

远志生产主要靠传统种植主产区的药农自发种植，市场信息相对匮乏、栽培技术落后、种质资源不清、生产盲目无序、组织化和产业化程度低。政府没有做到实时监控与统计药材种植面积，导致种植跟风。主产区、副产区种植面积受价格波动影响巨大，当价格上涨时，药农纷纷选择改种远志，导致种植面积突然锐增，供给量突然增大。而远志为 3 年生药材，等成熟时却由于需求不变，供给增加，导致远志价格走低，药农承担了市场风险带来的巨额亏损。

四、远志野生资源面临枯竭，急需抢救性保护

远志种质资源是远志培育新品种的物质基础。没有好的种质资源，就培育不出好的品种。在经济利益的驱使下，远志野生资源急剧减少，需要对远志的家种和野生资源进行抢救式的征集、保存、鉴定、分类、评价，拓展培育远志新品种的资源库。例如涝害严重时，根腐病、草害依然是导致远志减产的重要因素，发现远志资源中的抗根腐病关键基因就可以培育抗根腐病远志新品种，从而减少远志病害，提高产量。

五、远志药材质量评价缺少量化指标，无标准化体系

2015 年版《中华人民共和国药典》作为远志质量评价的唯一标准，缺少对不同产地、栽培或野生、不同入药部位（针对远志入药部位的不同，分为远志筒、远志棍、远志肉）及不同生长年限的量化区分指标。现行的药材质量评价指标只依据药材中所含生物化学成分的高低进行评价，暂无生物学效应评价，难以体现药材的整体价值。山西是栽培远志的道地产区，目前尚无体现远志产地和品种的评价指标。

六、远志药材黄曲霉毒素超标问题严重

黄曲霉毒素具有极强的致癌性，其毒性甚于农药残留对人体的危害，远志药材黄曲霉毒素超标是影响远志药材品质的关键因素。因此 2015 年版《中华人民共和国药典》增加了远志的检查项黄曲霉毒素。在远志采收、加工、储存环节管理不当，容易产生黄曲霉毒素。调研发现药农在采收远志后、为了防止水分蒸发，常常用封闭的塑料袋保存新鲜远志条，

使远志易滋生黄曲霉毒素。在远志储存过程中，环境阴暗潮湿也是导致远志药材黄曲霉毒素超标的原因。

七、山西省远志制品营销手段匮乏

通过查找药智数据库，远志制品大致可分为：中成药处方、中药方剂、保健食品 3 类，我国远志中成药处方约 254 种，中药方剂约 870 种，国产保健食品约 64 种。对“国产药品数据库”进行搜索，药品名称含“远志”的共 25 种，其中山西药品企业有山西天生制药有限责任公司，其产品为“阿胶远志膏”。“国产保健食品”数据库共搜索含“远志”的保健品约 64 种，其中“天源牌改善睡眠口服液”为山西天源制药有限公司所生产。以此 2 种药/食品为例，分析山西省远志制品的营销现状。通过对淘宝、京东等购物平台的搜索，未搜索到其销售信息。通过淘宝搜索“远志”，销量最多为安徽亳州，月销量为 560 单，山西销量最多为运城，月销量仅为 52 单。山西省作为远志主产区，远志制品不如其他省，令人深思。

上述这些问题导致山西难以把远志资源产地优势转化为市场竞争优势，处于远志产业链的底端。

第五章

远志种植技术

随着中药产业的快速发展，野生资源已经不能满足人们日益增长的需求，因此，人工栽培药材意义重大。而如何生产出符合GAP要求、安全、有效、稳定的远志中药材，是人工栽培的关键和核心。

山西省农业科学院经济作物研究所经过多年研究，制定了一系列适宜远志的生产技术，包括晋产道地根类植物药优质高效栽培模式，药林、药粮间套作增效配套模式，远志生产技术规程、药材艺机一体化生产技术、节水灌溉技术等，在山西省建立了5个规范化种植基地。

第一节　选　地

远志野生于向阳山坡，林下、草地或石缝中，忌高温，耐干旱，以向阳、排水良好，土层深厚的肥沃土壤为好，忌连作。远志是深根系作物，喜欢通风、透光的环境。因此，选土层深厚、地势高、排水好、向阳的疏松肥沃的砂质壤土。深耕30 cm以上，播前结合整地施足底肥，每亩施腐熟农家肥2000～3000 kg，将地整平耙细，做成宽畦。

第二节　播　种

选择籽粒饱满、贮存年份≤3年、千粒重≥2.6 g、发芽率≥80%、净度≥95%的优种。畦内浇水待5～7 d地表松散时，搂平畦面进行播种。或播种后每天喷施地表，保持地面湿润，出苗停止喷施。在6—8月，按行距25 cm用播种机播种，播深0.5～1.0 cm，播后浅覆土，轻镇压。

第三节　田间管理

出苗前应保持畦内湿润，一般7～10 d出苗，小苗出土后，真叶6～8片时，喷1次退菌特，15～20 d再喷1次，主要防治叶锈病和叶枯病。出苗后，要勤拔草，防治杂草掩没幼苗，生长3个月后，远志抗性增强，可进行中期除草。一般当年追肥 1 次，第二年 4 月每亩追施过磷酸钙 100 kg 和钾肥 15～20 kg，以补充地力，提高产量，远志一般很少有病虫害，在多雨季节低洼积水处，注意排水、防治烂根，远志耐旱，在不干旱的情况下一般不浇水。

在第二年和第三年返青期、盛花期追肥。在田间管理过程中，注意轮作，用生物制剂防治根腐病、蚜虫、豆芫菁等病害。

第四节　病虫害防治

一、虫害防治

1. 豆芫菁防治

农业防治，在冬季通过多次细致地翻耕土地，消灭越冬幼虫。化学防治，用 5～6 mg/kg 的敌杀死药液喷杀，连喷两次，相隔 5～7 d。

2. 蚜虫

可用 10%吡虫啉可湿性粉剂 1000 倍液喷杀，连喷两次，相隔 7～8 d。

二、病害防治

1. 叶枯病

高温季节易发，危害叶片。防治措施：用 50%多菌灵可湿性粉剂 600～800 倍液对叶面喷施，一般 7 d 喷 1 次，两次即可控制危害。

2. 根腐病

远志耐旱不耐涝，雨水多易造成地下真菌、细菌繁殖快，如不及时打杀菌药防治，就会出现部分根干死和枯萎，直至整根腐烂坏死。防治措施：一经发现立即清除，拔掉的病株应集中烧毁，病穴部位用 10%的石灰水浇灌消毒。发病初期，扒开根部土壤，用 5%的托布津 1000 倍液灌溉防治，每 7～10 d 灌一次，连灌 3～4 次。

第五节　远志品种介绍

远志最早记载于《神农本草经》，列为上品，被视为养命要药，来源于远志科植物细叶远志（*Polygala tenuifolia* Willd.）和卵叶远志

（*Polygala sibirica* L.）的干燥根，是我国大宗常用中药材和85种传统出口药材之一，也是我国42种重点保护的三级野生植物之一，以山西产量最多，质量最优。

远志在山西省运城、晋中、吕梁等地有一定种植，又尤以运城地区的新绛、闻喜等干旱丘陵区为主要产区，种植面积达6667 hm^2。随着人们保健意识增强，医疗系统中药报销比例增大，中药出口增大，药材价格增长明显，极大地调动了农民种植药材的积极性，远志种植面积明显增长，但是没有优良品种，产区出现品种混乱、种质退化，抗病虫害等抗性降低，产量下降，药材质量参差不齐，种子使用缺乏科学指导，生产潜力不足等问题。

远志优良品种的选育是建立规范化、规模化种质的基础，能从根本上解决目前远志生产上存在的诸多问题，使远志药材生产朝着优质、高产、质量稳定、可控的方向发展，实现资源的可持续利用。为山西省农业产业结构调整，农民增收、农业增效做出贡献。

山西省农业科学院经济作物研究所经过二十余年的研究，选育出“晋远1号”和“晋远2号”两个远志品种，从源头上解决了种源混乱、种质退化的问题。

一、晋远1号

晋远1号是山西省农业科学院经济作物研究所（以下简称“经济作物研究所”）选育的我国远志第一个品种。2009年，参加山西省区域试验，5点次每亩平均产589 kg，比对照增产24.1%；2011年，参加山西省生产试验，5点次平均产量611 kg，比对照增产23.4%。两年平均每亩产600 kg，比对照增产23.7%。生产试验中表现高产、稳产、优质、适应性广，同步研究配套了远志栽培技术。2012年5月，通过山西省品种审定委员会审定。

（一）选育经过

引种：1996年，从山西省内外征集远志品种资源25份。

驯化：移栽与种子繁殖同步，从1996年开始对征集的远志资源进行幼苗锻炼，性状筛选。

选种：1998年，从野生远志繁殖大田中选得183个优异单株。1999年，对这些优异单株进行株行种植，经观察鉴定筛选出较亲本有明显性状差异，较吕梁山野生（亲本）、闻喜农家种（对照）表现优良的株系23个。2003年，将23个优良株系种小品鉴，经过各生育期观察及抗性和产量性状比较，从中筛选出5个株系出圃。出圃的5个株系参加2003—2005年经济作物研究所内远志评比试验，以闻喜农家种为对照，同时进一步进行抗性鉴定和与亲本性状差异比较鉴定，通过试验和鉴定，最终确认晋远1号是一个较亲本与对照闻喜农家种表现优良的新品系。2006年以晋远1号为试验名申请参加了山西省远志区域生产试验。

（二）特征特性

该品系株高35～45 cm，叶色浓绿，鲜根圆株型，长25～30 cm，直径0.4～0.8 cm，黄白色，粗细较均匀，抗根腐病，耐渍、耐旱性较强。生育期2.5年。

根据宁夏医科大学检验测试中心检测：远志皂苷元含量1.499%，可溶性多糖类含量16.696%，该品种2项检测指标均显著高于亲本，与对照相比，晋远1号可溶性多糖含量显著高于对照，而远志皂苷元含量与对照差异不显著；晋远1号与山西省12个农业气候区野生远志相比，多糖含量位于第二，皂苷元含量位于第一，含量较高。

（三）产量表现

2009—2011年，参加山西省直接生产试验。2009年，5点次平均每亩产430 kg，比对照闻喜农家种增产24.1%，增产点次100%；2011年，5点次平均产470 kg，比对照增产23.4%，增产点次100%。2年平均每亩产450 kg，比对照增产23.7%。

（四）栽培要点

该品种适宜于山西全省及同纬度地区种植。应选择地势高的砂质壤土田，一次性施足底肥，趁雨季播种。合理加大播种量（3～4 kg/亩）；控制N、P、K施肥量；加强花期水肥管理，选用生物制剂对病虫害进行防控。远志种植2.5年后，在春季4月份以前冬季11月以后采收，挖取根部，除去残茎及泥土、杂质，将较粗远志微晒，待根在手指缠绕不断时，抽去木心，剩余韧皮部即为“远志筒”，较细的根用木棒捶裂，除去木心，称“远志肉”，最细小的根不去木心，称“远志棍”，将加工后的远志晒干，保存于干燥通风处。

二、晋远2号

晋远2号是山西省农业科学院经济作物研究所选育的远志新品种，2015年通过山西省品种审定委员会认定。

（一）选育经过

2004年，从洪洞远志（农家种）中，经观察鉴定筛选出有明显性状差异的75个优异单株进行收种并分株系播种。

2005年，分株系选择优良单株，将相同株系的优良单株种子混合播种，进行品系鉴定。

2005—2007年，经观察、鉴定并筛选出较亲本、对照表现优良的株系8个。

2007—2009年，对8个优良株系评比鉴定，经各生育期观察及抗性和产量性状比较，从中筛选出5个株系出圃。

2010—2012年，将5个株系进行品比试验。以晋远1号作对照，经过2009—2011年4年的抗性鉴定、与亲本性状差异比较鉴定及产量比较，最终确认晋远2号作为新品系。

2013—2015年，以晋远2号命名，参加山西省区域试验。

2015年，通过山西省品种审定委员会认定。

（二）特征特性

生育期2.5年，根系圆柱形、粗壮，黄白色，侧根较多；分根位置距离芦头2～7 cm，分根数5～8个，生长势强，株型直立，株高25～35 cm，上部多分枝，分枝数7～8个，丛生；茎绿色，叶色鲜绿互生，线形，全缘，无柄或近无柄；长1～3 cm，宽0.4～0.9 mm。雄蕊8，花丝2/3以下合生成鞘。花果集中于植株顶部。花期5～8月，果期7～8月，千粒重2.9～3.1 g，单株种子平均产量1.74 g。综合适应性、抗涝、抗旱、抗病性较强、产量高。

（三）产量表现

2013—2015年，参加山西省远志区域试验。2014年6个试验点鲜根茎平均产量7274.1 kg/hm^2，较对照闻喜农家种增产12.9%，增产点次100%。2015年6个试验点鲜根茎平均产量7336.8 kg/hm^2，较对照闻喜农家种增产10.1%，增产点次100%。2年鲜根茎平均产量7305.45 kg/hm^2，较对照增产11.5%。晋远2号含3,6′-二芥子酰基蔗糖0.96%、远志皂苷2.92%、可溶性糖类含量17.15%、远志𠮿酮0.23%，远高于药典规定。

（四）栽培要点

晋远2号适宜于山西全省及同纬度地区种植。选择排水较好的砂质壤土地块种植，播种前施足底肥，施用农家肥或者复合肥。每年5～8月趁雨播种，播种量45～60 kg/hm^2，播种深度不宜过深，以1～2 cm为宜，保证远志种子可以破土出苗。出苗后，注意除草保苗，防治草害。花期施用磷钾肥，返青期多施氮肥，于第2年秋末或第3年返青前挖取，去除泥土和杂质，晾干，抽筒即可。

第六章

远志采收与加工

第一节　采　　收

山西远志一般在生长年限达到2.5年后的10月或第3年3～4月采收。采收前半年内禁止使用农药，采收前1月内禁止灌溉。选择晴好天气，将地上部分用割草机割除，待清理完成后进行远志根采收。大面积平地用根茎类药材采挖机进行采挖，深度30～40 cm，挖出后人工捡拾收集。面积较小的土地及山地、坡地等机器无法到达的地块，人工用齿耙顺垄采挖，避免断根。

一、种子采收

7～8月，将远志行间土壤踩平，待种子成熟落下后，分3～4次集中用收种机进行收种，也可人工在行间扫收，还可待种子大部分成熟后（籽粒变为黑棕色）割掉地上部晾干收籽。收籽后集中在一起去除土块杂质等，晒干保存，以备自用或出售。采籽方式可因具体情况而定。

二、地下根采收与加工

播种后2～3年收获，以秋末春初采挖为宜。在秋后植株茎叶枯黄至翌年春季根部萌芽前刨出地下根（规模种植的可用采收机采收），然后去掉泥土和杂质晒至半干。选长7 cm，中部直径0.5 cm以上的根在平板上来回搓动，使皮肉与木心分开，之后晒干为一级筒；长5 cm，中部直径0.3 cm以上的去掉木心，晒干为二级筒；过于细小的直接晒干为远志肉。一般亩产干货100～150 kg。

第二节　产地加工技术

把收获的新鲜药材通过不同方法干燥、加工成商品药材，是药材生产的最后一关，关系到药材产品的质量和产量，需严格遵守操作规程，避免损失。根采挖后除净泥土，先放在水泥地面上暴晒 3～4 d。晒到半干时，将远志根条装入袋中，装满踏实，放入室内，让晒过的远志条“发汗”。3 d 后，趁水分未干时，选粗大整齐的远志条放在平板上来回搓至皮肉与木心分离，抽去木心，抽去心的根称“远志筒”。抽筒时要轻、准、巧，抽出的筒越长越好。较小的根用木棒敲打，使其松软，去掉木心，晒干，因皮部不成筒状，故名“远志肉”。不能抽去木心，直接晒干即为“远志棍”。最后，根据远志筒的长短粗细分类包装，以备出售。

远志筒的加工流程如下所述：将采挖后的远志条晾晒至半干，然后逐条徒手加工，由于远志条长 20～30 cm，需逐段依次加工：先将远志肉用指甲掐开一环形小口，两手分别握在小口两侧，用力将远志肉捋下，然后再用指甲掐掉或用剪刀剪掉露出来的远志木心，继续上述加工流程。

远志肉的加工流程如下：鲜根→暴晒（3～4 d）→半干（发软）→装袋→发汗（3 d）→平搓→抽木心→晒干→分级→包装

第七章

远志销售流通

山西晋南地区远志种植历史悠久，栽培加工技术比较成熟，全国80%的远志在此加工后销售，山西省已成为重要的远志种植、加工、购销集散地。

目前山西没有政府组织的规范有序的大型药材集散市场。农民自发组织形成的药材集散市场初具规模。吸引来自国内外药商，在新绛、浑源、陵川、平遥等地常年设点，收购药材，为农民解决销售难题。

第一节　市场远志变化情况

1990年至今，市场远志从产区、药材来源、药材生长方式与年限、市场状况、药材质量等方面都发生了大的变化，见表7.1。

表7.1　1990年至今市场远志的变化情况

时期	主产区	药材来源	药材生长方式与年限	市场状况	药材质量
1996年以前	山西、陕西、河南丘陵地区，多以远志肉作为商品	以野生为主	野生，生长年限3年以上	需求增长，供不应求	商品规格以远志肉为主，药材有效成分含量高
1996—2015年	山西闻喜丰乐庄村、新绛北池村2个加工远志筒基地辐射周边，形成山西远志筒产地集散地	家种资源为主	家种，生长年限多为3年以上，部分药农为及早收回成本，采挖两年生远志出售	供求均衡，主要以家种远志满足市场需求	商品规格以远志筒为主，同时有远志肉、远志棍，药材有效成分含量依产地和年限不同而有差异
2016—2017年	陕西榆林地区为野生远志产区，山西运城、临汾为传统栽培远志产区	野生资源、家种资源并存	野生，生长年限3年以上；家种，生长年限为3年左右	家种、野生远志同时供给市场	商品规格以远志筒为主，同时有远志肉、远志棍，野生远志符合2015年《中国药典》要求，栽培种部分符合

续表

时期	主产区	药材来源	药材生长方式与年限	市场状况	药材质量
2018 年至今	山西运城、临汾作为栽培远志主产区	家种资源为主	家种，生长年限 3 年左右	野生资源逐渐枯竭，家种资源萎缩，市场供给减少	家种远志药材有效成分含量依产地和年限不同而有差异

第二节　远志价格趋势

受近年远志家种发展缓慢、野生资源持续递减的影响，产地优质远志货源的供应趋紧，导致远志价格中长期看涨。图 7.1 为 2012—2018 年远志中筒年平均价格，结果发现除 2013 年远志价格出现短暂回落外，近 6 年远志（中筒）价格逐年升高。从 2013 年的 76.63 元/kg 上涨至 2018 年的 110 元/kg。

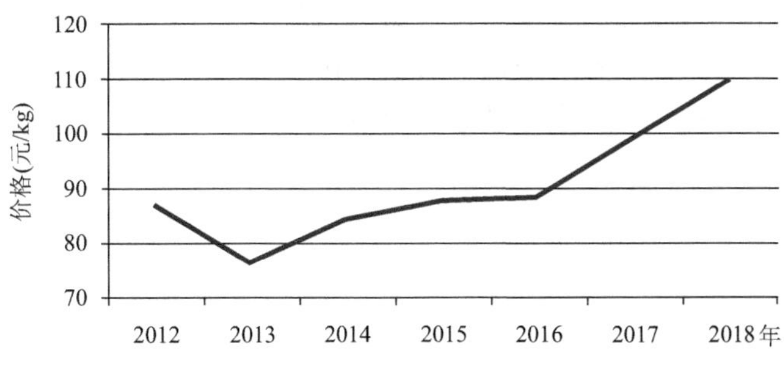

图 7.1　2012—2018 年远志（中筒）年平均价格的变化趋势

第三节　远志的市场前景

随着我国中医药事业快速发展，服务能力明显增强，中药产业规模明显扩大。据前瞻产业研究院发布的《2016—2021 年中国中药行业市场前瞻与投资战略规划分析报告》显示，我国中药产业年规模已达 4100 亿元以上，占国内医药市场的 3 成，中药出口已达 23.32 亿美元，全国中药生产企业已近 1500 家。如今，美国已成为中国中药材出口的第三大市场。2015 年，中国对美国出口中药材货值总额达 2.7 亿美元，占中国中药出口的 14.1%，其中，植物提取物占对美出口中药材的 78.2%。我国中药产业的形势向好，由于受人口增长、老龄化、人民生活水平提高等因素影响，全国中药产品需求成倍增长，消费市场需求加大，加快了中药材产业发展步伐，目前国内中药材市场年需求量在 200 万 t 以上。

远志具有宁心安神、祛痰开窍、消散痈肿等功效，主治神经衰弱、心悸、健忘、失眠多梦、神志恍惚、中风、支气管炎、乳腺炎、痈疽疮肿等症。随着人们生活节奏的加快和工作压力的加大，失眠健忘症患者人群正在急剧增加。而西药治疗这类慢性疾病又容易产生依赖性和副作用，中药远志在治疗失眠健忘以及神经衰弱等症有其独特疗效，且长期服用没有毒副作用。因此远志在国内外市场非常畅销，远志饮片年销量约为 2000 t，尤其在韩国、日本、新加坡、马来西亚等地的出口量远远超过国内饮片的用量。随着远志药用价值的新开发和其他功效用途的开拓，其需求量每年以 15% 递增。我国外贸出口增长，国外市场对远志筒（一级）和远志肉的需求量也在逐年上升。此外，我国保健品市场以及医疗单位、药店、药材公司等需求也在与日俱增。因此发展远志栽培既可以保证国内市场需求，又是增加出口创汇的好选择。

第八章

各地远志特色栽培技术

第一节　露地栽培

一、山西省稷山县远志野生抚育方法

道地药材以其特殊的生长环境和优良的品质而闻名于世，随着社会的发展和人类健康水平的提高，野生资源已不能完全满足市场需求，因此发展人工种养是满足市场需求的必由之路。然而在人工种养的条件下，为了追求产量不可避免地要使用农药、化肥、添加剂等，又带来了产品质量下降和化学物质污染的问题，这就是当前发展中药材生产的困局。为了推进中药材生态化种植绿色发展的模式，我们在远志野生资源调查及其生物学和生态学研究的基础上，在远志的野生分布区山西省稷山县北部吕梁山前沿山区，结合当地群众采挖野生药材的习惯和中药材种植的需求，利用荒山坡地，进行了远志野生抚育生产方式的探讨，取得了良好的效果。

（一）地理位置与气候

种植地位于山西省稷山县化峪镇上胡村东北方向约 1.54 km，属吕梁山前地区，暖温带大陆性季风气候，年均气温 13 ℃，1 月平均气温 −4 ℃，7 月平均气温 27 ℃。年降水量 483 mm，集中于夏、秋两季，约占全年的 70%；7—8 月降水量占年降水量的 40%左右。霜冻期在 10 月中旬至次年 4 月中旬，无霜期 220 d。

（二）植被概况

稷山县为吕梁山基岩中低山区，海拔在 550～800 m，沟壑纵横，以酸枣灌丛为主，兼有山桃、河朔荛花等灌木树种，地被植物以白羊草草丛、马尾蒿草丛为主，分布有远志、防风、知母、柴胡等药用植物。

通过实地调查，该区远志野生资源比较丰富，10 m×10 m 样方平均株数为 10.5 株，调查的远志单株平均高度为 22 cm，根的长度平均 30 cm，芦头直径平均 0.6 cm，单株根的鲜重平均 22 g。

（三）技术方法

1. 旋耕灭草整地

在 7 月上旬杂草生长旺盛期未结果前，用秸秆还田旋耕机整理荒草地，灭草还田，即可抑制杂草生长。不仅可提高土壤通透性和增加土壤有机质含量，还可以降低人工成本。通过近 1 个月的休耕，在 7 月末再用旋耕机整地一次，待播。

2. 新种雨季播种

远志种子的成熟期高峰期在 7～8 月，具有成熟落地，高温高湿萌发快的特性，采用当年新种子，在 8 月播种，出苗快且整齐。这个阶段是晋南地区的多雨季节，也是野生远志种子落地萌发的高峰期，应为远志人工播种的最佳阶段，此时远志播种后遇雨，无需覆盖，可在 5～7 d 出苗；而春播在麦草覆盖条件下，出苗时间在 15～20 d，出苗慢且不一致。

播种行距掌握在 25 cm，播幅在 10～15 cm，每亩播种量为 2.5～3 kg。

3. 及时清除大草

在野生状态下，远志与低矮的杂草伴生，高大杂草对远志的生长影响较大，与远志争光、争肥、争水。因此，仿野生栽培的田间管理，只需要铲除马尾蒿、黄花蒿等大草，尤其在高大杂草结果前要及时铲除，以减少杂草的繁殖。

4. 不用农药化肥

远志在野生状态下具有耐旱耐瘠薄的特性，病虫害发生较少，不用农药和化肥即能正常生长。

二、山西新绛县旱垣地远志高产栽培技术

新绛县地处山西省境西南，境内气候温和，平均气温 12 ℃，海拔 500 m，全县经济作物主要有蔬菜、果树、中药材、油料等，其中以远志为主的旱垣地中药材种植主要分布在阳王镇一带。阳王镇位于城南 20 km，南依峨嵋岭，属丘陵旱垣地区，自然条件较差，有种植远志、黄芩、柴胡、丹参等旱垣地药材的传统，近几年来，发展以远志为主的中药材种植已成为当地农民发家致富的主导产业。并摸索出一套关于旱垣地区远志高产的栽培技术。

（一）选地整地

根据远志的生长习性应选择阳光充足、地势高燥、排水良好的壤土或沙壤土播种，可选山坡地，不论荒山、荒地、林带、草原，平地均可种植。整地时，必须深翻土层，打破犁底层，采取上翻（活土层）、下松（死土层）的办法。由于远志是多年生植物，翻地时必须一次施足底肥，以有机肥为主、化肥为辅，每亩施腐熟农家肥 2500～3500 kg，深翻 25～35 cm；同时，每亩再施尿素 30 kg、优质磷肥 40 kg、钾肥 20 kg。

（二）种植技术

旱地远志一般采用种子直播，从 4 月中下旬至 8 月中下旬均可播种。旱垣地播种的关键期是下过透雨后，也可播后等雨，播前翻好地后前 15 d 用氟乐灵处理土壤，每 0.067 hm^2 用 200 g 氟乐灵兑水 30 L，均匀喷洒地面，喷后及时耙耱，使药土混合 5～8 cm，两周后开始播种。旱地远志播种量大，一般出苗后不间苗，不再补苗，当次播成，要保证 80%种子出苗即可，每亩用种子量 2～3 kg，采取宽幅播种，幅宽 10 cm，按行距 25 cm 开约 20 m 的浅沟，用自制滚筒滚播。播后镇压或直接用药材专用播种镂下播（用种量可自动调节），盖草以麦穗壳为最好，地面覆盖度 4%为宜。盖草的目的是保持土壤墒情。土墒好时 15 d 后出苗，冬播后在第二年春季下雨才能出苗。

（三）田间管理

1. 间苗定苗

苗高 2 cm 时进行间苗，同时定苗，株距 2 cm。

2. 中耕除草

由于播前采用土壤处理剂，所以土壤表层 5～8 cm 内大部分草籽不能萌芽，个别杂草出土后须人工拔除。松土要求用耙子浅浅地均匀耧松地面，连续 2 次，保持土表疏松湿润，避免杂草掩盖植株。

3. 施肥

科学施肥是提高产量和质量的保证。为保证旱地远志的高难度效益生产，需科学合理追施化肥。追肥应根据远志苗的生长情况科学施入。如春季播种的远志地在秋季应追施 1 次化肥，每亩用质量分数为 45%的撒可富复合肥 50 kg。第二年为追肥的关键年，从开春至秋冬追施 2 次，每亩用质量分数为 40%的硝酸磷钾 40 kg，或尿素 30 kg、磷肥

50 kg、硫酸钾 25 kg。追肥一般在雨后进行，还应遵循“雨多多施，雨少少施”的原则。

4. 间作

远志可在种植幼树果园套种，也可与其他作物间作，在绿豆地套种远志是旱垣地种植远志最合理的一种方法。绿豆品种一般选择中绿八号、中绿九号等短蔓品种。绿豆出苗 20 cm 后即可在垄间套播远志。绿豆蔓可遮阳保墒，为远志的出苗创造有利条件；等远志出苗后，绿豆也已采摘一两茬，然后隔行拔除绿豆蔓，互不影响。

（四）病虫草害的防治

1. 地下害虫

整地（翻地）前，在土壤中撒施质量分数为 3% 的辛硫磷颗粒剂，每亩用 3 kg 即可防治蛴螬、蝼蛄、地老虎、金针虫等地下害虫。开春是防治地下虫害的绝佳时机，也可用体积分数为 40% 的毒死蜱 800～1000 倍液，或 600～800 倍毒辛药液于傍晚均匀喷施地面，第 2 天早晨可见地下虫害死于地表，也就是常说的“傍晚施药，夜间死虫”。

2. 叶枯病

高温季节易发生叶枯病，危害叶片，防治方法是用 600～800 倍代森锰锌，或 800 倍甲基布津叶面喷施 1～2 次。

3. 干尖病

远志干尖病是远志小苗期危害最严重的一种病，病害严重时造成远志小苗连根干枯，主要由病菌引起，防治方法是用菌毒清 500～600 倍液，或消菌龙 800～1000 倍液喷雾防治。

4. 根腐病

根腐病在多雨季发生严重，为害根部，应加强田间管理。可用土传隆 600～800 倍液和退菌特 600～800 倍液交替使用，于发病初期每隔 5～7 d 喷 1 次，连续 2～3 次。或用死苗烂根一次净，每亩用 40 g 兑水 30 kg，隔 5～7 d 喷 1 次，连续 2～3 次，即可有效防治根腐病。

三、山西省襄汾县远志高产栽培技术

近年来，襄汾县大力发展中药材种植，种植面积达 133～200 hm^2，每亩可收益 10000 元，经济效益可观。现将试验中总结的远志高产栽培技术介绍如下。

（一）整地

选好地后，每亩施腐熟的厩肥或堆肥 2500～3000 kg、过磷酸钙 50 kg、钾肥 15 kg，深翻土 25 cm，整细耙平，做 1.2 m 宽的平畦，便于灌溉和排水。

（二）播种

远志一般采用种子直播，每亩用种量 0.75～1.00 kg。种子发芽最适温度是 25℃，所以播期不宜过早，襄汾县一般在 4 月中下旬为宜。播种时，在整好的平畦上按行距 20～30 cm 开约 2 cm 浅沟，种子均匀撒入沟内，或按行距 20 cm、株距 15 cm，开穴点播，每穴播种子 4～5 粒。播后盖约 1 cm 厚薄土，稍后镇压，并盖草，浇水，播种后约 15 d 开始出苗。秋播于 8 月上旬或 10 月中下旬，在次年春季出苗。

远志出苗后，要逐渐揭去盖草，刚出土的小苗非常细弱，如果一下子把覆草全部揭掉，小苗就会被晒干，所以不要一次揭完，分二三次揭完。最后还要留一些，稀疏地覆盖在地里。

（三）田间管理

1. 松土除草

远志出苗后，待小苗长到 6～7 cm 高时，进行 1 次松土除草。因为远志幼苗生长很慢，又细又弱，抗性很差，松土要浅，不宜过深，以免伤根。栽种第一年，一定要做到勤除草，不要等杂草长高了再除草，这时除草容易把幼苗一起除去。如果遇到暴雨时，幼苗倒伏，被泥土埋没，易造成死亡，要注意扶起在暴雨时被泥土埋没的小苗。

2. 水肥管理

春播远志，应防春旱茎叶萎蔫，要抗旱保苗。5 月底，结合浇水每亩追施尿素 15 kg，促苗生长。7 月中旬，每亩再追施磷酸二铵 15 kg，远志怕涝，汛期要做好疏沟排水工作，严防田间积水，封冻之前，浇 1 次越冬水，每亩撒施捣细的农家肥 3000 kg。

第二年春，除去干枯的茎叶，浇返青水，及时划锄松土，保温，保湿，有利返青，当苗高 10 cm 时，每亩追施尿素 20 kg。5 月，将饼肥 30 kg、磷酸二铵 20 kg 拌匀，开沟施入，施后浇 1 次透水，天旱时再浇第 3 次水。6 月进入生长旺盛期，每隔 7～10 d，喷施质量分数 0.3％的磷酸二氢钾溶液 75 kg，连续 3～5 次，封冻之前，浇越冬水。

第三年春，浇返青水后，及时划锄保温、保湿，这一年里，远志生长，追肥以磷钾肥为主。4 月初，每亩追施磷酸二铵 15 kg，硫酸钾 8 kg。6 月底，每亩追施磷酸二铵 20 kg，硫酸钾 10 kg。

（四）病虫害防治

1. 病害

远志病害较少，一般病害可喷质量分数 50%代森猛锌 800～1000 倍液防治。重点防治远志根腐病。病株根部至茎部呈条状不规则紫色条纹，病苗叶片干枯后不落，拔出病苗根皮一般留在土壤中。根腐病要早发现早处理，将拔掉的病株集中烧毁，病穴部位用质量分数 10%的石灰水或质量分数 1%的硫酸亚铁消毒。发现初期也可用质量分数 50%的多菌灵 1000 倍液进行喷洒，7～10 d 喷 1 次，连喷二三次。

2. 虫害

主要防治蚜虫、豆芫菁等虫害。成虫 6 月下旬至 8 月中旬出现危害，8 月最严重，9 月下旬至 10 月上旬数量渐少。蚜虫用质量分数 40%乐果乳油 2000 倍液，或质量分数 10%吡虫啉 2000～3000 倍液喷雾防治，隔 7～8 d 再喷 1 次。豆芫菁用质量分数 4.5%高效氯氰菊酯乳油 1000～1500 倍液或质量分数 2.5%溴氰菊酯 3000 倍液喷雾防治，隔 5～7 d 再喷 1 次。

四、河北省迁安市丘陵山区远志丰产高效栽培技术

迁安市位于河北省东北部，燕山南麓，是典型的半山区市，由于山区面积分布广，药材资源丰富，野生远志在迁安市丘陵区的山坡、沟坎、路边等地均可见生长。但由于近年来远志需求量增加，价格不断上涨，野生远志采挖严重以及缺少人为的保护，几乎导致野生远志接近枯竭，野生药源年产量不断下降，供应市场主要以人工种植远志为主，现将迁安市丘陵山区远志丰产高效栽培技术介绍如下：

（一）选地做畦

选择向阳、地势高燥排水良好的壤土或砂壤土地块。翻地时须一次施足底肥，每亩施厩肥大约 2500 kg，过磷酸钙 50 kg，有条件的最好再施畜禽粪 500 kg，草木灰 500 kg，深翻 30 cm 以上，然后整平耙细做成平畦，等待播种。

（二）种子处理

远志种子细小，发芽率较低，为促进发芽，可用 0.3%的磷酸二氢

钾水溶液浸种 24 h，捞出后用 3～5 倍的细沙拌匀，堆放几天后再播种可明显提高发芽率。

（三）适时播种

远志最佳播种温度是 25 ℃，所以播种不宜过早。迁安北部山区春播以 5 月中下旬为宜。要足墒下种，将细沙混拌的种子均匀撒播于畦面，播后可用少许细土均匀覆土，轻微镇压或踩实，为保持土壤湿度，可用麦秸或稻草覆盖，待种子顶土后再撤除覆盖物，能明显提高出苗率。

（四）田间管理

1. 间苗补苗

远志播后约 20 d 陆续出苗，齐苗后，在苗高 5 cm 左右时，按株距 3～5 cm 间去过密苗。缺苗的地方及时补苗。远志苗出土后检查一遍，发现缺苗要及时补苗。补苗最好在下午或阴雨天进行，浇足水，用树枝柴草之类给予临时性遮荫，能增加成活率。

2. 适时排灌

远志虽喜干旱，但在种子萌发期、出苗期和幼苗期抗旱能力较差，要注意适量浇水，否则幼苗会因缺水而死。成株以后抗旱力增强，不必多浇水，除久旱无雨需浇水外，一般不浇。雨季还要注意清沟排水，防止田间积水。

3. 根外追肥

追肥于第一年定苗后，每亩施尿素 3 kg，6 月份再施硫酸铵颗粒肥 20 kg。以后每年在春季返青前施 1 次厩肥，每亩 800 kg，返青后施尿素 5～6 kg。为促进远志根部的生长和膨大，提高产量以及增强其抗病力，也可对远志进行叶面喷洒钾肥。每年 6 月中旬至 7 月上旬，在远志生长旺盛期，每亩喷施 1％的硫酸钾溶液 50～60 kg 或 0.3％的磷酸二氢钾溶液 80～100 kg，每隔 10～12 d 喷施 1 次，连喷 2～3 次。喷施时间以下午 4 点以后为佳。

4. 培土抗冻

由于迁安市北部地区冬季温度偏低，需在入冬前培土壅根，以防冻害。

（五）病虫害防治

迁安市远志的主要病虫害有叶枯病和蚜虫。

叶枯病在高温季节易发，危害叶片。防治办法：用代森锰锌 800～1000

倍液或瑞毒霉素 800 倍液叶面喷施，每隔 7 d 喷 1 次，一般 2 次即可控制危害。

蚜虫 5 月下旬至 6 月上旬为危害盛期，随后因气候条件不适，产生有翅胎生蚜，迁飞到其他植物寄主上越冬。防治方法：清除田间杂草，减少越冬虫口密度，发现蚜虫用 40%乐果乳剂 2000 倍液喷杀，连喷两次，相隔 7～8 d。

五、河南省新安县远志高产高效栽培技术

河南省新安县仓头镇是一个典型的农业乡镇，为有效增加农民收入，仓头镇党委政府大力响应上级农业结构调整政策，结合该镇退耕还林面积大的优势，大力发展林药间作，扩大中药材种植面积，截至目前，该乡药材面积 800 hm^2，其中王村、张村曲墙片均超过千亩，且品种多样，有丹参、远志、牡丹、黄芪等品种。形成了东岭、郭庄、庙东等村为主的中药材基地。远志是主要种植品种之一，据不完全统计，亩均效益在 3000 元以上。

（一）整地

整地时要施足底肥，每亩施农家肥 3000 kg 以上，45%三元素复合肥（N-P-K，15-15-15）50 kg，以确保养分供应。以深翻为宜，耕深 30～35 cm，给远志后期的根部生长提供有利条件。耕后及时耙细整平，以备使用。

（二）繁殖技术

远志繁殖可以采用种子繁殖和分根繁殖

1. 种子繁殖

种子繁殖可分为直播或育苗移栽两种。

（1）直播：远志的直播分春播和秋播，春播应在 4 月下旬到 5 月上旬进行；秋播应在 10 月中下旬进行；因为过早或者过晚，极易造成出苗后因气温过低而死亡。在直播前要进行种子处理，用 40～50 ℃水或 0.2%磷酸二氢钾水溶液浸种 24 h，捞出后与 3～5 倍细沙混合备用。直播时先按照行距 25 cm 开 1.0～1.5 cm 的浅沟将备好的种子进行撒播，然后覆细土 1.5 cm 左右，同时加盖秸秆等物，亦可进行地膜覆盖。每亩用种 0.8～1.2 kg。

（2）育苗移栽：育苗移栽是远志栽培的重要技术手段之一，是保障

亩密度的主要措施。进行春季移栽的话，育苗应在3月上中旬进行。选好地，施足基肥，做好畦。育苗地块一般要选择背风向阳、靠近水源、有利排水、土壤疏松的肥沃土地，在冬季或早春结合施足基肥（每亩施3500～4000 kg农家肥），深翻一遍，排种前再翻松，耙碎整平，做成宽畦。一般畦宽1.0～1.2 m为宜。在苗床按照行距20 cm开1.0～1.5 cm的浅沟将备好的种子进行撒播，然后覆细土1.0 cm左右，确保苗床湿润，温度以15～20 ℃为宜，当苗高5 cm时进行定植。按株距5 cm定植，不宜大风天进行。

2. 分根繁殖

根茎以每2～3个芽和部分须根切成5 cm长的根段，注意修剪过长的须根，待切口愈合后，将种根茎在浓度为5 mg/L的ABT生根粉溶液中浸泡4 h后栽植，按行距20 cm开沟，每隔10～12 cm放短根2～3节，然后覆土。在根茎选择时要选择色泽新鲜、健壮、无病害的根茎，以0.4～0.6 cm直径为宜。

（三）田间管理

1. 间补苗

苗高5 cm左右时，按3～5 cm株距进行间苗，对缺苗距离短的地方可以留双苗，对于缺苗距离较长（>15 cm）的地方要及时补苗。

2. 追肥

远志生长需肥量较大，除了施足底肥，在生长中还需要进行追肥。在条件允许的情况下，在春季、冬季和5—6月间进行3次追肥，以追施磷肥为主，每亩可施一铵10～15 kg或过磷酸钙15～20 kg。另外，在6月底7月初，每亩喷施0.2%的尿素溶液50～60 kg或0.3%的磷酸二氢钾溶液80～100 kg，每10～12 d喷施1次，可进行2～3次。在上午10时前或下午4时后，均匀喷施在远志的叶部和茎部等作用部位，以促进生长，增强抗病能力和提高产量。不要随意加大施用剂量和提高施用浓度。

（四）防治病虫害

1. 根腐病

多发于多雨季节和易积水低洼地块，危害根部，影响远志产量和品质。防治措施：一是根穴消毒，用10%的石灰水进行根穴消毒，同时发现病株及时拔掉并烧毁；二是隔断感染根据发病情况，及时喷洒新高脂膜，既可以保墒保肥，又可以将病害隔离减少感染，使植株健康成长；三是药剂防治，在发现病株时，可使用铜制剂或甲霜恶霉灵进行防治，每 7～10 d 喷 1 次，要进行 2～3 次。

2. 叶枯病

远志叶枯病主要危害叶部，严重时可造成植株死亡，在高温季节易发，对产量影响较大。防治措施：一是加强肥水管理，喷施新高脂膜隔离病害感染；二是药剂防治用代森锰 1000 倍液、瑞毒霉素 800 倍液或者代森锰加新高脂膜叶面喷施。每 7 d 喷 1 次，共 2 次。

3. 蚜虫

在发现蚜虫发生后，可每亩用 25%蚜螨清乳油、10%的蚜虱净、20%的吡虫、25%的抗蚜威等药剂喷雾防治。

六、陕西横山区沙地远志高效种植技术研究

（一）栽培管理

1. 播种期

远志生长周期为 2～3 年，最佳播种温度是 25 ℃。早春播种，出苗后易受到低温影响而死亡，一般在 5 月下旬至 8 月播种，以 7—8 月播种最好。旱地可推迟到雨季，透雨后种植最好。

2. 择种处理

选好颗粒饱满、无病害的种子后，用 40～50 ℃水或 0.2%～0.3%磷酸二氢钾水溶液浸种一昼夜，捞出后，将其与 3～5 倍细沙混合，然后放置 1 d 后播种。干旱地块要加大播种量。远志种子萌发的最佳温度为 20～30 ℃，15 ℃以下不萌发。

3. 播种

（1）直播。播种时，直播按照行距 20～30 cm 开 1～2 cm 的浅沟，盖土，稍压。或用简易滚筒器、中药材专用播种机或大型机械播种，种后浇水。若遇连阴雨，10～12 d 即可出苗。

（2）育苗栽植。育苗移栽通常采用农膜覆盖或小拱棚方式，育苗时间要比播种时间提前半月，也可到 7 月中旬可进行露地育苗。育苗地块一般应选择背风向阳，排水良好，土壤疏松的肥沃土地，提前施足基肥（52.5～60.0 t/hm^2 农家肥）。按照行距 10 cm 开 2 cm 的浅沟撒播，盖土。播种后 10～15 d 出苗，在晴天下午 4 时以后或阴天进行移植，移

栽完后将土压实压紧，浇透定根水。

4. 高效种植模式研究

远志是一种耐荫的植物，在无霜期较短的地区，间作遮阴模式更优质高效。远志可套种的作物有幼果树、绿豆、油菜、玉米、大豆等，与大果树不宜套种，同时要与所套种的植物保持 30～50 cm 的距离。绿豆套种品种应选择短蔓品种。油菜套种要在收获油菜后播种远志；玉米套种远志要在玉米田间作业完成后。大豆套种则要适当减少播种量。

（二）田间管理

1. 灌溉和排水

幼苗期前应适量浇水。定苗和成株以后除长期干旱外，不浇。若遇雨季，及时排水，避免根部腐烂。

2. 追肥

远志从出苗到现蕾阶段，施肥管理应以促根为主，在播种或移栽定植后 7～8 月施人粪尿 12000 kg/hm^2、KCl 75 kg/hm^2。从开花到种子成熟阶段以生殖为主，在第 2 年应追腐熟优质饼肥 375 kg/hm^2，过磷酸 225 kg/hm^2、施肥后连续浇水两次，也可在叶面喷施钾肥。在 6～7 月喷 0.3%磷酸二氢钾溶液 0.6 kg，喷施 3 次。每 10 d 喷 1 次。

（三）病虫害防治

1. 叶枯病

叶枯病可用代森锰锌 800～1000 倍液喷施，每 7 d 喷 1 次，两次即可控制。

2. 根腐病

根腐病要增施磷钾肥、种前和中药材重茬剂搅拌可有效预防。发现病株要拔出烧毁，根穴用 10%的石灰水消毒，并喷洒 50%的多菌灵 1000 倍液，每 7～10 d 喷 1 次，连喷 2～3 次。

3. 害虫防治

整地时用 3%的辛硫磷颗粒剂 3～4 kg，与细沙土 10 kg 混合制成药土，可防蛴螬。用 40%乐果乳油 2000 倍液可喷杀蚜虫，连续 2 次，间隔 7～8 d。豆芫青用 0.005～0.010 mL/L 敌杀死喷杀，每隔 5～7 d 喷 1 次，2 次即可。

七、内蒙古喀喇沁旗远志林下间作栽培技术

喀喇沁旗位于内蒙古东南部地区，属于典型的低山丘陵地区，近一

个时期以来，喀喇沁旗积极利用国家、内蒙古自治区扶持补贴退耕还林的补助政策，积极推进开展退耕还林工程项目，截至 2017 年底，喀喇沁旗共实施退耕还林 0.8 万 hm^2。喀喇沁旗农业与林业部门积极协作，推广了林下间种中草药材远志项目，实现了以药养林、以短养长的效果。现将远志林下间作栽培技术介绍如下。

（一）选地整地

远志对环境无特殊要求，在林间林下间作则选择林地的地势平坦高燥、无雨季积水的地块，砂壤土、轻壤土均可种植，基于远志一次播种后多年生长成熟的生物学特性，在远志的播种前一定要施足基肥，施优质农家肥 60～70 t/hm^2，与此同时配施过磷酸钙 450 kg/hm^2，撒施于间作地块，然后将拟播地块耙平耙细。

（二）育苗、定植

远志可以进行种子直播或先育苗再栽植的方法。春季直播时，最适宜时间为 4 月 10～25 日，喀喇沁旗地处北方寒冷地区，冬季干燥且比较漫长，不适宜进行秋季播种。春季直播可以按行距 25 cm 左右开浅沟后进行条播，把远志种子均匀撒进播种沟内，之后覆以 1.5～2.0 cm 的细土，远志适宜的播种量为 22.5～30.0 kg/hm^2，播种完毕后轻镇压并灌足一次透水，播种后 15d 即可出苗。有育苗地的条件下可以推广先育苗再栽种的模式，育苗在春季 3 月上中旬的设施冷棚内进行作畦条播，播种后覆土 1.5 cm 为宜；远志育苗地宜苗床潮湿，苗床温度以控制在 15～20 ℃为最适。育苗播种后 10～15d 出苗，苗高达 5.0 cm 左右时进行定植，远志定植的行株距以 20 cm×（3.0～6.0）cm 为最适。

（三）施肥

春季 4 月下旬林下间作的远志苗株已经生根，即将进入快速生长发育期，此时宜追肥，以促进远志根部生长发育，追施饼肥 300～525 kg/hm^2、过磷酸钙 225～375 kg/hm^2。每年 6～7 月，远志地上地下均进入快速生长期，此时宜对远志植株喷施 0.3%磷酸二氢钾水溶液 1500～2250 kg/hm^2，隔 10 d 喷施 1 次，连喷 3～4 次，喷施时间以下午 5 时后为宜，冷凉的环境能增强远志的抗病能力，同时有利于促进远志的根系加粗和加长生长，以增加远志的栽培经济效益。

（四）病虫害防治

根腐病、蚜虫是远志生长发育期间的主要病虫害。防治根腐病，在加强园地管理的基础上，及时拔除发病植株并及时烧毁，然后对病株穴坑应用10%～12%石灰水进行灌注消毒，发病初期应用70%甲基托布津800倍液喷施防治，7 d喷1次，连续2～3次，即可达到防治效果。对于蚜虫，可采用40%乐果1500倍液喷施防治，每7 d喷施1次，连续喷施2～3次，蚜虫的危害即可控制。

第二节　设施栽培

一、山西新绛县远志塑料大棚覆盖栽培技术

（一）旱地远志大棚覆盖的意义

为了解决远志人工栽培存在的问题，我们进行了远志大棚覆盖试验示范。大棚覆盖的意义主要有两个方面：一是具有普通大棚覆盖的作用，即可以提高温度，包括土壤温度与棚内大气温度，使远志春季提前生长，推迟越冬，延长生育期，也可以保墒抗旱。影响旱地远志生产的主要限制因素是干旱少雨，土壤水分利用率差，利用大棚覆盖，切断了水分与大气的直接交换，有效地阻止了土壤水分的蒸发，同时大棚覆盖可以使天然降水沿棚膜流向两侧，进入棚内土层，提高自然降雨的利用率，起到蓄雨保墒的作用。二是根据远志的生长特点，花期长，5—8月都可开花结籽，但若花期遇雨，即造成花粉败育而不能授粉，使种子质量差、产量低，甚至颗粒无收。利用大棚覆盖可以遮挡风雨，使花期能够正常开花授粉。总之，大棚覆盖起到夏季挡风阻雨、冬春保温保墒的作用，为远志生长提供适宜的生态环境，提高远志的质量和产量。

（二）试验安排

2004—2006年，我们进行了旱地大棚远志大区对比试验示范，试验田设在山西省新绛县阳王镇北池村，土壤为黏质壤土，土壤有机质含量1.14%，全氮0.118%，碱解氮54.26 mg/kg，速效磷14.42 mg/kg，速效钾136.7 mg/kg，年降水量550 mm左右，但雨水相对集中在6～8月。试验分两个处理，即大棚覆盖与常规栽培（对照）。除大棚覆盖外，两个处理管理措施完全一致。播种期为2004年6月7日小麦收获后播种，播前施优质腐熟有机肥30000 kg/hm^2，尿素225 kg/hm^2，普通过磷酸钙750 kg/hm^2，硫酸钾75 kg/hm^2，第二年、第三年早春

追施复合肥 225 kg/hm²。第二年 1 月下旬进行塑料大棚覆盖，棚高 1.5 m，便于田间操作，8 月底揭去大棚，第三年管理与第二年相同。收获期为 2006 年 10 月 26 日，生长期为 2.5 年。

（三）结果与分析

1. 大棚覆盖对远志种子产量的影响

大棚栽培对种子产量有明显的影响（表 8.1）。

表 8.1　大棚覆盖对种子产量的影响

生产年限	处理方法		增加（kg·hm⁻²）	增产（%）
	大棚栽培（kg·hm⁻²）	对照（kg·hm⁻²）		
2	559.5	189.0	370.5	196.03
3	702.0	378.0	324.0	85.71
合计	1261.5	567.0	694.5	122.49

种子产量增加的主要原因是大棚栽培的远志在开花期不会受到风雨侵袭，授粉良好，种子成熟好，质量高，而对照由于花粉受雨水淋湿，生活力下降，受精不良，使种子减少，小而秕瘦（表 8.2）。

表 8.2　大棚覆盖对种子千粒重的影响

生产年限	处理方法		增加（kg·hm⁻²）	增产（%）
	大棚栽培（kg·hm⁻²）	对照（kg·hm⁻²）		
2	3.51	3.32	0.19	5.41
3	3.63	3.48	0.15	4.13
合计	7.14	6.80	0.34	4.76

越是雨水多的年份，大棚栽培种子产量增产越显著。

2. 大棚覆盖对远志产量的影响

远志以根入药，远志的产量即为根系收获后，抽取其木质部之后的干重。大棚覆盖春秋两季棚内温度升高，延长生长时间，同时减少地表水分蒸发，水分条件改善，生长条件适宜，根系入土深，生长粗壮，因而提高产量。试验两个处理于第 3 年，即 2006 年 10 月 26 日挖根收获，生长期为 2.5 年。大棚栽培每公顷产远志干品 2209.5 kg，对照每公顷产远志干品 1870.5 kg，大棚栽培比对照每公顷增产 339 kg，增产 18.1%。

3. 大棚栽培对远志质量的影响

远志收获时用铣挖深 50 cm，远志全条长 50 cm，挖回远志条晾至松软，抽其木芯，为远志筒，抽远志筒后分级，筒直径 6 mm 以上，长 10 cm 以上为特级；筒直径 4～6 mm，长 8 cm 为一级；筒 3～4 mm，长 6 cm 为二级；筒直径 2～3 mm，长 5 cm 为三级。大棚栽培对远志的影响见表 8.3。

表 8.3　大棚栽培对远志产量的影响

等级	产量(kg)		占比(%)		结论
	大棚	对照	大棚	对照	
特级	732.0	508.5	33.1	27.2	大棚栽培特级品提高了 5.9 个百分点
一级	693.0	492.0	31.4	26.3	大棚栽培一级品提高了 5.1 个百分点
二级	526.5	484.5	23.8	25.9	大棚栽培二级品降低了 2.1 个百分点
三级	258.0	385.5	11.7	20.6	大棚栽培三级品降低了 8.9 个百分点

大棚栽培之所以能够提高质量，主要是提高了根系的粗度。收获后我们对鲜根系进行了测量，随机各取 10 个 50 cm 长的鲜根系，在上部三分之一处测量根的直径，大棚覆盖远志根系的直径为 5.4 mm，对照为 4.6 mm，大棚覆盖根系粗度比对照增加 0.8 mm，增加 17.4%。

4. 大棚栽培对远志生育性状的影响

大棚栽培春季可提高棚内气温 3.4 ℃，第 2 年远志返青早，生长提前，新叶长出时间为 3 月 12 日，比对照 3 月 23 日提前 11 d。由于生长提前，开花期 4 月 29 日也比对照提前 16 d。大棚栽培远志分枝多，生长茂盛，据 2005 年 5 月 10 日测定，大棚远志株高为 34.5 cm，对照为 28.4 cm，株高增加 6.1 cm。另外，大棚覆盖远志病害明显少于大田栽培，常见病害如根腐病、叶枯病发病率降低 47.5%，可减少农药在药材上的使用，降低农药残留量，提高药材品质。

二、山西运城远志保护地栽培技术

冯奕平等（2007）1999—2000 年在山西省运城市对远志大拱棚栽培

与露地栽培进行了比较试验。结果表明，大拱棚远志栽培方式明显延长当年有效生长期，远志鲜根和种子的产量均比露地方式显著增产1～2倍。大拱棚栽培方式是远志增产增收的一项好技术，宜向生产推广。

（一）拱棚

竹木结构大拱棚，上盖塑料薄膜，棚长50 m，棚宽8 m，中心高度2.5 m。

（二）播种

小麦收获后，复播远志。每0.067 hm^2 播种量1.5 kg，行距20 cm，播幅10 cm。

（三）田间管理

出苗后按露地管理，露地越冬。越冬后至2月上旬搭棚盖膜。产根为主宜喷灌，产种子为主宜滴灌或畦灌。

（四）优势和特点

1. 保护地栽培远志有利于提高产量，缩短生产周期

大拱塑料棚栽培远志可以提高鲜根产量和种子产量，其可能原因是大拱塑料棚提高了气温和土壤温度，大大改善了根系生长的土壤环境，从而有利于提高远志产量，缩短生产周期。如果该技术改变为地膜栽培方式，可以节约投资，降低成本，并且操作简便。但目前还没有报道，有待于进一步试验研究。

2. 花期实施畦灌有利于远志的开花授粉和结实

远志的开花结实是一个连续不断的过程，在当地露地栽培条件下，一般在5月中旬开花，一直持续到7月中旬，开花结实期长达两个月之久。在远志栽培主产地，这一时期降水较少，而且是春夏连旱，5月中旬至7月中旬的自然降水量还不到全年降水量的20%。而在这一时期远志正值需水高峰，与此期的降水量不一致。这是露地栽培远志种子产量低的主要限制因素。若有水利条件，以收种子为主，可实行畦灌的方式。既能满足远志开花授粉期大量需水的要求，同时也不影响受精过程，使其顺利完成生殖生长，是获得远志种子高产的有效途径。

3. 开花结实期实施喷灌有利于根系的生长

试验结果表明，在远志的开花结实期进行喷灌，远志的鲜根产量最高。开花结实期是远志生长旺盛期和需水高峰期，而此时自然降水量极低，极大地限制了远志的根系生长，致使鲜根产量徘徊在200～240 kg/亩。

在远志主产区，远志开花结实期的水分供应情况是其产量的主要限制因素。喷灌可使花粉破裂，阻碍远志的生殖生长，进而节约营养，利于远志的营养生长，从而对其根系生长有促进作用。因此在有水利条件的地区，可通过喷灌提高远志的产量。

三、山东济南远志无公害栽培技术规程

济南市是远志著名产区。根据2009—2012年在平阴县禾宝中药材种植基地的系列栽培试验，逐步总结出适宜济南地区的远志无公害栽培技术规程。

（一）适宜区域

远志分布于东北、华北、西北、华中和四川等地，是一种适应性很强的中旱生植物，喜凉爽忌高温，耐干旱怕水涝，常见于北方向阳山坡草地、林缘、田埂和路旁。本规程以济南市禾宝中药材基地规范化种植技术为模板，经平阴、长清、商河、章丘等地推广应用，收效很大，可以在济南区域内参照使用。

（二）采种

应选择种植两年以上且7月前开花结果的种子留种。远志花期长，种子陆续成熟，为使前期开花的种子充分成熟，应适期打顶。为防止蒴果开裂、种子散落，应成熟一批收获一批。也可以在行间铺设塑料布，任成熟种子掉落，定期从塑料布上扫取种子。还可以在2/3以上种子成熟后，一次割下，晒干脱粒。种子收获后，要过筛去杂，放在木板或牛皮纸上晾晒、风干，置通风干燥处存放备用。

（三）选地整地

选择土层深厚肥沃、通风向阳、不积水的地块。耕地前每亩施入农家肥4000 kg，过磷酸钙50 kg。远志种子细小，千粒重2.8～3.4 g，播种时要求土壤整平耙细。做宽1 m的平畦，灌足水，待水渗下，按行距20 cm开沟，沟深1.5～2.0 cm。

（四）播种

1. 直播

种子萌发的适温是22～25 ℃，低于15 ℃无法萌发。春播在4月中下旬，秋播不可晚于8月下旬，否则将因地温过低影响出苗或出苗后生长不良而夭折。播种前将种子用水或0.3% 磷酸二氢钾水溶液浸泡一昼

夜，捞出后与3～5倍的细沙混合，撒于沟内，覆土，稍加镇压，播种量7.5～10.0 kg/hm^2，播后15 d左右出苗。

采用地膜覆盖可于3月中下旬播种。覆膜栽培掌握“盖湿不盖干”的原则，墒情差时浇水造墒。覆膜栽培由于延长了远志的生育期，产量明显提高。无水浇条件的可在雨季前夏播，土壤墒情好，地温又不太高，适宜远志出苗。也可在8月下旬墒情好、地温降下来时播种，此方法尤其适合缺水的山区，不用地膜成本低，第二年秋后收获。晚秋播的当年不出苗，无需种子处理。

2. 育苗移栽

育苗可于3月上中旬进行，在整好的苗床上开沟条播，覆土1 cm，地面干燥时可适当浇水，随即用薄膜覆盖畦面，提高地温、保持湿度，播种后10 d左右即可出苗。苗高5 cm时，选阴天或下午3点以后按行距15～20 cm、株距3～6 cm定植。也可以在温室采用塑料育苗盘及蛭石作基质育苗，1穴播1粒种子，8～10 d即可出苗。由于温室温度适宜，小苗生长快、长势壮，容易形成大苗、壮苗，定植成活率可达99%，且无缓苗期，可提前采挖，提高产量。

3. 扦插育苗

8月中旬，选择2年生、生长健壮、无病虫害的枝条，剪成长15～20 cm的插穗。上下切口要平，切口要光滑，保护好上端芽体，随剪随扦插。按株行距20 cm×20 cm垂直插入土壤，上切口与地面平，注意不漏插、不倒插、不伤皮、不伤芽，插后踩实，使插穗与土壤紧密结合，保证成活。此法可用以育苗移栽或直接定植。

（五）田间管理

春播盖膜栽培，苗高3 cm左右时，选阴天或晴天下午揭膜炼苗。苗高5 cm左右时按株距3 cm定植，除去弱病苗，结合定苗进行补苗。一年生小苗生长缓慢，当年苗高20～30 cm期间极易发生草害，对产量影响很大，要及时除草。视墒情及时浇水。8月上旬，每亩叶面追施1%硫酸钾溶液50 kg或0.3%磷酸二氢钾溶液60 kg，连续2～3次，有利于根部发育，促丰产。也可用沼液代替叶面肥喷洒。

第九章

远志药材质量

第一节　远志药材品质评价沿革

历代对远志品质评价较少。

宋代的《本草图经》中记载：“俗传夷门远志最佳。”

明代的《本草品汇精要》记载：“【用】根肥大者为好。【地】夷门者为佳。”《本草品汇精要》是通过根的粗细及产地来评价远志的品质。以根粗壮，河南开封的远志质量佳。

清代的《本草从新》收载：“远志大者佳。”则根粗大的远志质量佳。

近代文献主要是从远志的产地、大小、是否去心来进行品质评价。

《中国药典》(1963 年版）一部收载：“以筒粗、肉厚、去净木心者为佳。”认为筒粗、肉厚、抽去木心的远志根皮质量佳。

《中国药典》(1977 年版）一部收载：“以条粗、皮厚者为佳。”则根粗、韧皮部厚的远志质量佳。

《中国药材学》(1996 年版）收载：“本品以筒粗、肉厚、皮细、质软、无木心者为佳。”则筒粗、韧皮部厚、皮细腻、质地软、抽去木心的远志根皮质量佳。

《中华本草》(1998 年版）收载：“以根粗壮、皮厚者为佳。”认为根粗壮、韧皮部厚的远志质量佳。

《500 味常用中药材的经验鉴别》(1999 年版）收载远志“以山西所产为地道产品。远志商品以肉厚粗壮、皮细色嫩、质软糯、无木心者为佳，反之肉薄、条细短、色黑、皮糙、质梗或有木心者为次，山西产品多质优”。

《现代中药材商品通鉴》(2001 年版）收载远志“以山西产品质量最佳。奉为道地药材，习称‘关远志’”。

《北京市中药饮片炮制规范》(2008 年版）收载远志“以条粗、皮厚、色黄者为佳”。

《金世元中药材传统鉴别经验》（2010 年版）收载“远志的产地很广，但无论质量还是产量均以山西为首位。以身干、色灰黄、筒粗、肉厚、去净木心者为佳”。

古代书籍对远志主要是从产地来说明其品质，认为河南开封的远志质量最优。近代文献除了从产地评价其品质外（山西的远志质量最佳），还从根的粗细、是否经过去心过程来对远志进行等级划分，以根粗壮、抽去木心的远志质量为优。

第二节　远志药材商品规格标准

一、志筒规格标准

一等：干货。呈筒状，中空。表面浅棕色或灰黄色，全体有较深的横皱纹，皮细肉厚。质脆易断，断面黄白色。气特殊，味苦微辛。长 7 cm，中部直径 0.5 cm 以上。无木心、无杂质、无虫蛀、无霉变。

二等：干货。呈筒状，中空。表面浅棕色或灰黄色，全体有较深的横皱纹，皮细肉厚。质脆易断，断面黄白色。气特殊，味苦微辛。长 5 cm，中部直径 0.3 cm 以上。无木心、无杂质、无虫蛀、无霉变。

二、志肉规格标准

统货。干货。多为破裂断碎的肉质根皮。表面棕黄色或灰黄色，全体为横皱纹，皮粗细厚薄不等。质脆易断，断面黄白色。气特殊，味苦微辛。无芦茎、无木心、无杂质、无虫蛀、无霉变。

备注：远志根是抽不出木心的小根，为保护资源，未制定规格标准。

第三节　远志的饮片炮制

一、远志

去杂质及木心，切段。

二、制远志

净远志，甘草汤煮至汤被吸尽。远志每 100 kg，用甘草 6 kg，煎汤 60 kg。

远志经炒制后称炒远志，其毒性已减，可免药后呕吐之弊。将远志段置甘草汤中用文火煮至甘草水吸尽，取出晒干入药者称炙远志，亦称制远志，经制后既可解其毒性，又可取其调中和胃，素有胃疾、胃气虚弱者用之较宜。

三、蜜远志

拌润蜜水，文火炒至深黄，不粘手。远志每 100 kg，用炼蜜 20 kg。

原药材经甘草水浸泡一宿后（认为可去其毒性），再晒干切段，入药者称清远志。本品木心部服后令人发烦，不宜入药，肉厚粗壮者用木棒捶松或用手搓揉使皮肉分离，抽去木心，呈中空筒状者称远志筒，列为上品；较细者用木棒捶裂，致使破碎，除去木心者称远志肉，品质略逊。产于山西、陕西一带者称“关远志”，为道地药材。

以炼蜜加入适量开水和匀，拌入炙远志稍闷，微炒至不粘手为度，取出放凉入药者称蜜远志，蜜制后可有滋润之功，加强安神作用，常用于心血不足之失眠多梦等症。远志肉喷水微闷后，加朱砂细粉拌匀，取出晾干入药者称朱远志，其宁神作用较强。

第四节　远志的包装、储藏、运输

一、包装

远志药材晾干后即可包装贮运。每箱 5 kg 左右，在每件包装上应注明品名、规格、产地、批号、包装日期、生产单位，并附有质量合格的标志。

二、储藏

远志药材要放置通风阴凉处。适宜温度 28 ℃以下，相对湿度 68%～75%，商品安全水分 11%～14%。夏季最好放在冷藏室，防止生虫、发霉。贮藏期应定期检查，消毒，保持环境卫生整洁，经常通风。发现轻度霉变、虫蛀，要及时翻晒。

三、运输

远志药材的运输工具或容器应具有良好的通气性，以保持干燥，并应有防潮措施，尽可能地缩短运输时间。同时不应与其他有毒、有害及易串味的物质混装。

第五节　远志的药典质量标准

本品为远志科植物远志（*Polygala tenuifolia* Willd.）或卵叶远志（*Polygala sibirica* L.）的干燥根。春、秋两季采挖，除去须根和泥沙，晒干。

一、性状

本品呈圆柱形，略弯曲，长 3～15 cm。直径 0.3～0.8 cm。表面灰黄色至灰棕色，有较密并深陷的横皱纹、纵皱纹及裂纹，老根的横皱纹较密更深陷，略呈结节状。质硬而脆，易折撕，断面皮部棕黄色，木部黄白色，皮部易与木部剥离。气微，味苦，微辛，嚼之有刺喉感。

二、鉴别

（1）本品横切面：木栓细胞 10 余列。栓内层为 20 余列薄壁细胞，有切向裂隙。韧皮部较宽广，常现径向裂隙。形成层成环。木质部发达，均木化，射线宽 1～3 列细胞。薄壁细胞大多含脂肪油滴；有的含草酸钙簇晶和方晶。

（2）取本品粉末 0.5 g，加 70%甲醇 20 ml，超声处理 30 min，滤过，滤液蒸干，残渣加甲醇 1 ml 使溶解，作为供试品溶液。另取远志𠮿酮Ⅲ对照品，加甲醇制成 0.5 mg/ml 溶液，作为对照品溶液。照薄层色谱法（通则 0502）试验，吸取上述两种溶液各 2 μl，分别点于同一硅胶 G 薄层板上，以三氯甲烷∶甲醇∶水（7∶3∶1）的下层溶液为展开剂，展开，取出，晾干，置紫外光灯（365 nm）下检视。供试品色谱中，在与对照品色谱相应的位置上，显相同颜色的荧光斑点。

(3) 取细叶远志皂苷(含量测定)项下的供试品溶液 20 μl 和对照品溶液 4 μl,分别点于同一硅胶 G 薄层板上,以三氯甲烷:甲醇:水(6:3:0.5)为展开剂,展开,取出,晾干,喷以 10%硫酸乙醇溶液,在 105 ℃加热至斑点显色清晰。供试品色谱中,在与对照品色谱相应的位置上,显相同颜色的斑点。

三、检查

水分:不得过 12.0%(通则 0832 第二法)。

总灰分:不得过 6.0%(通则 2302)。

黄曲霉毒素:照黄曲霉毒素测定法(通则 2351)测定。本品每 1000 g 含黄曲霉毒素 B_1 不得过 5 μg,黄曲霉毒素 G_2、黄曲霉毒素 G_1、黄曲霉毒素 B_2 和黄曲霉毒素 B_1 总量不得过 10 μg。

四、浸出物

照醇溶性浸出物测定法(通则 2201)项下的热浸法测定,用 70%乙醇作溶剂,不得少于 30.0%。

五、含量测定

细叶远志:皂苷照高效液相色谱法(通则 0512)测定。

色谱条件与系统适用性试验:以十八烷基硅烷键合硅胶为填充剂;以甲醇—0.05%磷酸溶液(70:30)为流动相;检测波长为 210 nm。理论板数按细叶远志皂苷峰计算应不低于 3000。

对照品溶液的制备:取细叶远志皂苷对照品适量,精密称定,加甲醇制成 1 mg/ml 的溶液,即得。

供试品溶液的制备:取本品粉末(过三号筛)约 1 g,精密称定,置具塞锥形瓶中,精密加入 70%甲醇 50 ml,称定重量,超声处理(功率 400W,频率 40 kHz)1 h,放冷,再称定重量,用 70%甲醇补足减失的重量,摇匀,滤过,精密量取续滤液 25 ml,置圆底烧瓶中,蒸干,残渣加 10%氢氧化钠溶液 50 ml,加热回流 2 h,放冷,用盐酸调节 pH 值为 4~5,用水饱和的正丁醇振摇提取 3 次,每次 50 ml,合并正丁醇液,回收溶剂至干,残渣加甲醇适量使溶解,转移至 25 ml 量瓶中,加甲醇至刻度,摇匀,即得。

测定法：分别精密吸取对照品溶液与供试品溶液各 10 μl，注入液相色谱仪，测定，即得。

本品按干燥品计算，含细叶远志皂苷（$C_{36}H_{56}O_{12}$），不得少于 2.0%。

远志𠮿酮Ⅲ和 3,6′-二芥子酰基蔗糖照高效液相色谱法（通则 0512）测定。

色谱条件与系统适用性试验以十八烷基硅烷键合硅胶为填充剂；以乙腈—0.05%磷酸溶液（18∶82）为流动相；检测波长为 320 nm。理论板数按 3,6′-二芥子酰基蔗糖峰计算应不低于 3000。

对照品溶液的制备：取远志𠮿酮Ⅲ对照品、3,6′-二芥子酰基蔗糖对照品适量，精密称定，加甲醇制成每 1 ml 含远志𠮿酮Ⅲ 0.15 mg、含 3,6′-二芥子酰基蔗糖 0.2 mg 的混合溶液，即得。

供试品溶液的制备：取本品粉末（过三号筛）约 1 g，精密称定，置具塞锥形瓶中，精密加入 70%甲醇 25 ml，称定重量，加热回流 1.5 h，放冷，再称定重量，用 70%甲醇补足减失的重量，摇匀，滤过，取续滤液，即得。

测定法：分别精密吸取对照品溶液与供试品溶液各 10 μl，注入液相色谱仪，测定，即得。

本品按干燥品计算，含远志𠮿酮Ⅲ（$C_{25}H_{28}O_{15}$）不得少于 0.15%，含 3,6′-二芥子酰基蔗糖（$C_{36}H_{46}O_{17}$）不得少于 0.50%。

【用法与用量】3～10 g

【贮藏】置通风干燥处。

第六节　山西远志质量评价

山西是位列全国前十名的中医药资源大省，尤其是根茎类药材的种类、储量、种植面积和产量均处于全国前列，资源蕴藏量堪称“北药”之首。这与山西独特的地理位置和复杂多样的地形地貌、生态气候条件是分不开的。山西的党参、黄芪、黄芩、柴胡、远志和连翘等 30 多种药材被业界公认为山西道地药材。其中远志更是被国家中医药管理局认定为山西的五种道地药材之一，拿到了国家标准的道地药材身份证，正式成为代表全国道地中药材的品牌，其质量在海内外享有盛誉。下面从文献记载和有效成分含量测定两个方面进行引证分析。

一、文献记载

山西远志栽培历史悠久。宋代以后，就发现山西出产远志，现今市场所售远志药材主要来源于山西，并将山西列为远志的道地产区。远志分布于我国东北、华北、西北等地，主产于山西、陕西、河北、山东、河南等地，且山西、陕西产量大，供应全国。并以山西产品质量佳，奉为道地药材，习称“关远志”。就道地性而言，古代本草以山西、河南为道地，今以山西、陕西的质量最好，产量最大。《中药志》（1961 年版）载：“远志产区很广，主产于山西闻喜、翼城，陕西韩城、大荔、华阴，河北阜平，北京郊区，河南巩义、卢氏……以河南产量最大，陕西质量最好，销全国且出口。”《中华本草》（精选本）记载：“远志主产于东北、华北、西北以及河南、山东、安徽部分地区，以山西、陕西产量最大，销全国，并出口。”《中国道地药材原色图说》（1998 年版）载：“远志主产于山西、陕西、吉林、河南、内蒙古、山东等地。”《远志生产加工适宜技术》（2017 年版）记载：“我国远志属植物有 42 种，8 变种，主要分布南方的广西、广东、云南、贵州等地，特别是西南比较丰富，但商品远志的产地均集中在北方，以山西、陕西两地产量最大。传统也认为这两地产的质量最好。”

二、有效成分含量测定

2015 年版《中国药典》（一部）中规定以细叶远志皂苷、远志𠮿酮Ⅲ和 3,6′-二芥子酰基蔗糖为远志药材的含量测定指标。目前，国内已有许多专家学者对远志的有效成分含量进行了研究，结果发现，山西远志的有效成分含量总体上高于其他地区。

许贞等（2018）对不同产地远志药材有效成分含量进行了比较，并以此为一个方面来反映药材的质量，对山西药材的品质进行评价。结果表明，来自山西道地产区的药材有效成分含量较其他地区药材有效成分含量高。

王光志（2006）[3] 将远志皂苷水解为稳定的远志酸并以远志酸含量为指标，采用 HPLC（高效液相色谱法）对野生、栽培及商品远志进行了质量评价，结果发现，陕西、山西及四川野生远志中远志酸含量较高；栽培远志中远志酸含量最高的是山西沁源产的样品，质量分数为4.69%，其次为山西汾阳（3.93%），山西繁峙（3.79%）和陕西韩城（3.26%）。详见表9.1。

表9.1　不同栽培产地远志酸含量比较

编号	产地	种名	含量(%)
1	甘肃镇原	*Polygala tenuifolia*	0.88
2	陕西韩城	*Polygala tenuifolia*	3.26
3	陕西合阳	*Polygala tenuifolia*	2.24
4	山西汾阳	*Polygala tenuifolia*	3.93
5	山西兴县	*Polygala tenuifolia*	2.42
6	山西沁源	*Polygala tenuifolia*	4.69
7	山西闻喜	*Polygala tenuifolia*	2.98
8	山西繁峙	*Polygala tenuifolia*	3.79
9	山西岚县	*Polygala tenuifolia*	2.50

滕红梅等（2009）[1144]采用高效液相色谱法和分光光度法对主产区不同产地栽培远志药材中的皂苷元和多糖量进行测定，目的是对远志主产区山西、陕西和河北的不同产地栽培远志的药材品质进行比较。研究结果表明，主产区山西、陕西、河北不同产地远志药材中的皂苷元和多糖量差异显著，各地远志药材的质量存在较大差异。

1. 远志皂苷元

9个产地中远志皂苷元的含量不同，质量分数较高的是山西闻喜和新绛的样品，分别为0.898%和0.838%；质量分数处于中等水平的是山西洪洞、临汾和陕西合阳、澄县4个地方的样品，分别为0.764%、0.746%和0.760%、0.756%；质量分数较低的是河北安国、山西平遥、运城3个地方的样品，分别为0.707%、0.687%、0.658%。

2. 多糖

9个产地中远志多糖质量分数较高的是山西闻喜、新绛和河北安国的样品，分别为8.276%、7.498%和7.976%；质量分数中等的是陕西澄县和山西洪洞的样品，分别为6.877%和6.830%；陕西合阳和山西临汾样品中该类成分的质量分数较低，分别为6.566%和6.321%；质量分数最低的是山西平遥和运城的样品，分别为5.386%和5.295%。

从远志皂苷元和多糖的含量综合分析，山西闻喜、新绛的样品都处于较高水平，而平遥和运城两地的远志皂苷元和多糖量都属于较低水平。表明山西各产地药材成分含量差别较大，其中闻喜、新绛所产远志药材品质较佳。详见表 9.2。

表 9.2　主产区不同产地远志药材中皂苷元和多糖的量测定结果 (n=3)

样号	产地	皂苷元(%)	多糖(%)
1	陕西合阳金家庄	0.760[cd]	6.566[bc]
2	陕西澄县李庄	0.756[cd]	6.877[b]
3	山西闻喜丰乐庄	0.898[a]	8.276[a]
4	山西洪洞燕壁村	0.764[c]	6.830[b]
5	山西临汾乔李镇	0.746[cd]	6.321[c]
6	山西平遥北湛旺村	0.687[d]	5.386[d]
7	山西新绛北池村	0.838[b]	7.498[a]
8	山西运城正北庄	0.658[d]	5.295[d]
9	河北安国市	0.707[d]	7.976[a]

注:表中同列相同标记的字母表示差异不显著,有不同标记字母的表示显著差异($P<0.05$)。

刘艳芳等（2011）采用多指标定量方法对不同来源远志药材中有效成分的含量进行分析，结果表明，不同产地的远志药材样品中以山西和陕西两地所产药材中各有效成分含量高，说明以山西和陕西所产远志药材质量为佳。从各有效成分含量来看，山西和陕西所产远志中 3,6′-二芥子酰基蔗糖、远志𠮿酮Ⅲ和细叶远志皂苷的含量都较高，说明整体质量也较好。详见表 9.3。

表 9.3　不同产地远志药材有效成分的平均含量

产地	n	远志𠮿酮(%)	3,6′-二芥子酰基蔗糖(%)	细叶远志皂苷(%)
山西	21	0.254	1.101	3.960
陕西	5	0.221	1.004	4.031
河北	3	0.104	0.676	3.837
内蒙古	2	0.446	1.108	2.103
河南	1	0.484	0.929	3.786
吉林	1	0.244	0.756	4.565
山东	1	0.281	0.469	4.156
黑龙江	1	0.202	0.953	3.966

第十章

山西省远志产业发展的SWOT分析

第一节 山西省远志产业发展的优势分析

一、地理位置

野生远志生长在海拔200～2300 m的草原、山坡草地、灌木丛以及杂木林下。远志种植最适宜的气候条件为：全年太阳总辐射量为120～140 $kcal/cm^2$，年均气温－4～6 ℃，年降水量300～500 mm；适宜土壤为栗钙土、灰色土和草原黄沙土，黏土和低湿地不适于生长。山西省位于黄土高原，属于中纬度大陆性季风气候区，整体相对比较干旱，地形地貌复杂，山区面积广大，昼夜温差大，且同一区域内海拔高度差异大；降水量相对较少，降雨季节较为集中，适宜以根茎入药的道地药材品种。山西地形的特点是复杂多样，山地、丘陵、盆地、平原等是主要的地貌类型，多样性的地貌特点非常适合远志生长。

二、资源优势

据第四次全国中药资源普查结果，山西现有1788种中药材，其中有1625种植物药、30种矿物药、133种动物药。安泽连翘、恒山黄芪、万荣柴胡、运城黄芩、长治苦参、潞城党参和新绛远志等都是闻名全国的晋产药材。山西省是华北道地药材产区，有道地和优势药材30余种，远志、连翘、黄芩和柴胡的年产量分别占全国的70%、50%、40%和25%，且许多品种因有效成分含量高，质量居全国首位，深受市场欢迎。

我国野生远志分布广，其中以山西、陕西一带的质量最好、产量最大，分布于山西吕梁山县、陕北高原、晋南盆地及陇东平原，河北坝上高原的张北、张家口、隆化等地，其商品特点为根条肥大，皮细肉厚，色泽黄白。随着全球气候变化，远志高度适生区不断向山西、陕西（秦岭以北）及相邻内蒙古集中，其中，山西新绛、闻喜一带的远志种植技术较为成熟，种远志已经成为了当地的一项优势产业。山西省作为远志主产区，供应了市场远志的80%左右，以运城、临汾为主向周边县市延伸。种植模式多以大面积、成片规模化种植为主，种植区域相对集中。而陕西、河南、河北生产的远志市场占比分别为10%、5%、5%，通常零星种植，规模化不强。相比其他产区，山西省远志有一定的资源优势和规模优势。

三、药材品质佳

远志分布于我国东北、华北、西北等地，主产于山西、陕西、河北、山东、河南等地，且山西、陕西产量大，供应全国。并以山西产品质量佳，奉为道地药材，习称“关远志”。2015年版《中国药典》（一部）中规定以细叶远志皂苷、远志𠯿酮Ⅲ和3,6′-二芥子酰基蔗糖为远志药材的含量测定指标。目前，国内已有许多专家学者对远志的有效成分含量进行了研究，结果发现，山西远志的有效成分含量总体上高于其他地区。比如，王光志（2006）[5] 将远志皂苷水解为稳定的远志酸并以远志酸含量为指标，采用HPLC（High Performance Liquid Chromatography，高效液相色谱仪）对野生、栽培及商品远志进行了质量评价，结果发现，陕西、山西及四川野生远志中远志酸含量较高；栽培远志中远志酸含量最高的是山西沁源产的样品，质量分数为4.69%，其次为山西汾阳（3.93%）、山西繁峙（3.79%）和陕西韩城（3.26%）。滕红梅（2009）[1146] 等人采用高效液相色谱法和分光光度法对主产区不同产地栽培远志药材中的皂苷元和多糖量进行测定，研究结果表明，主产区山西、陕西、河北不同产地远志药材中的皂苷元和多糖量差异显著，各地远志药材的质量存在较大差异。从远志皂苷元和多糖的含量综合分析，山西闻喜、新绛的样品都处于较高水平，而平遥和运城两地的远志皂苷元和多糖量都属于较低水平。表明山西各产地药材成分含量差别较大，其中闻喜、新绛所产远志药材品质较佳。

第二节　山西省远志产业发展的劣势分析

一、种质混杂、人工种植不规范

通过多次田间走访调研，各地田间的远志个体植物形态区别很大，主要原因是现在还没有形成固定的栽培品种，且药农引种时会存在一定的盲目性。山西的远志栽培区，药农所用的远志种子有的是由药材市场采购，有的是自产自用，有的是直接采自野生远志的种子，种源比较混杂，导致最终药材药性出现变异或者退化。

二、加工炮制不够规范

由于各地、各药材之间炮制标准差别较大，导致加工炮制时使用辅料、工序及时间也不同，同时缺乏专业技术人员，导致饮片加工炮制不够规范。且山西省中药加工企业相对不足，加工能力比较低，据不完全统计，2018 年山西省中药饮片企业共有 391 家、中成药生产企业 78 家；中药大省吉林省有中药饮片加工企业 513 家、中成药生产企业 264 家。

三、相关产品较少

从远志开发情况来看，相关保健品、功能食品、中药材洗护用品、中药农药等产品的生产企业数量较少，产品品种少、附加值低，市场占有率不高，未形成对药材资源的拉动效应。

四、管理水平参差不齐

山西省远志种植基本以混合种植为主，这样就有可能造成所有药材种植模式相同、管理过程相似，导致对远志的专业化种植程度及管理水平降低。而且，大部分合作社以中老年人为主，受教育程度都不太高，也没有专业的种植、加工知识，缺乏专业的管理团队，观念比较本土化、经验化，对新型机械及技术接受比较慢，长时间会造成远志种植的混乱，从而出现某些远志质量不合格等问题。

第三节 山西省远志产业发展的机遇分析

一、政策支持

为促进中药材产业的发展，我国先后出台了一系列支持中药材产业的法律法规和政策措施，中药材产业的发展作为国家经济发展的战略需要，我国中药材产业发展迎来了前所未有的大好时机。

2017 年 7 月 1 日，《中华人民共和国中医药法》正式实施，以法律的形式明确了中医药事业的重要地位，坚持扶持与规范并重，以加强对中医药的监管。同时在中医诊所、中医医师准入、中药管理等多个方面对现有的管理制度进行了改革创新。《中医药法》“第三章 第二十一条国家制定中药材种植养殖、采集、贮存和初加工的技术规范、标准，加强对中药材生产流通全过程的质量监督管理，保障中药材质量安全。第二十二条国家鼓励发展中药材规范化种植养殖，严格管理农药、肥料等农业投入品的使用，禁止在中药材种植过程中使用剧毒、高毒农药，支持中药材良种繁育，提高中药材质量。”从法律层面提出了以“有效”“安全”为目标的中药材绿色安全生产的要求。

2017 年 10 月，《中药材生产质量管理规范（修订稿）》发布，对中药材生产和质量管理提出要求，适用于中药材生产企业种植、养殖或野生抚育中药材的全过程。

2017 年 10 月 11 日，国家食品药品监督管理总局发布了《中药资源评估技术指导原则》公开征求意见的公告。此原则是《中医药发展战略规划纲要（2016—2030 年）》的进一步落实，进行中药资源评估并建立动态调整机制，有利于实现中药资源可持续利用，保障中药资源的稳定供给和中药产品的质量可控，提升我国中药产业发展水平。

为了深入贯彻习近平总书记对脱贫政策工作的重要指示，2017 年 8 月，农业农村部、国家中医药管理局、国家乡村振兴局、工信部、中国农业发展银行五部门制订了《中药材产业扶贫行动计划（2017—2020 年）》，计划通过引导百家药企在贫困地区建基地，发展百种大宗、道地药材种植、生产，带动农业转型升级，建立相对完善的中药材产业精准扶贫新模式。到 2020 年，贫困地区自我发展能力和脱贫造血功能持续增强，实现百万贫困户稳定增收脱贫。

为深入贯彻习近平新时代中国特色社会主义思想和党的十九大精神，认真落实习近平总书记关于中医药工作的重要指示，促进中医药传承创新发展，2019 年 10 月 20 日，我国发布了《中共中央 国务院关于促进中医药传承创新发展的意见》（以下简称《意见》）。《意见》指出，中医药学是中华民族的伟大创造，是中国古代科学的瑰宝。党和政府高度重视中医药工作，特别是党的十八大以来，以习近平同志为核心的党中央把中医药工作摆在更加突出的位置，中医药改革发展取得显著成绩。同时也要看到，中西医并重方针仍需全面落实，遵循中医药规律的治理体系亟待健全，中医药发展基础和人才建设还比较薄弱，中药材质量良莠不齐，中医药传承不足、创新不够、作用发挥不充分，迫切需要深入实施中医药法，采取有效措施解决以上问题，切实把中医药这一祖先留给我们的宝贵财富继承好、发展好、利用好。《意见》从健全中医药服务体系、发挥中医药在维护和促进人民健康中的独特作用、大力推动中药质量提升和产业高质量发展、加强中医药人才队伍建设、促进中医药传承与开放创新发展、改革完善中医药管理体制机制六个方面提出了 20 条意见，为中药材产业的健康发展指明了道路。

山西省委、省政府高度重视中药材产业的发展，将中药材产业崛起工程列为农民增收七大产业翻番工程及十大强农惠农政策。2016 年，山西省政府印发《山西省“十三五”战略性新兴产业发展规划》，指出现代中药领域已形成了较为规范的中药农业、富有特色的中药工业、快速发展的中药商贸流通、优势突出的中医医疗产业链。2018 年，山西省委、省政府制定《山西省中药材产业发展“十三五”规划》，提出要培育建设连翘、黄芪、党参、远志等道地中药材示范基地。2018 年 9 月，山西中药材电子交易中心（晋药网）官网正式上线，其目标为到 2025 年，成为影响最大、带动性强的全国性电子交易平台，建成完整的中药材线上交易体系。2020 年 3 月 24 日，山西省委、省政府印发《关于建设中医药强省的实施方案》，明确中医药医疗服务能力加强、中医药健康服务业拓展、中药资源保护利用、中药材生产和质量提升、中药工业现代化、中医药人才培养和中医药科技创新七大工程共 26 条举措，继承好、发展好、利用好中医药，到 2030 年全面建成中医药强省，绘制了山西省中药材产业的发展蓝图，为山西中药材全产业链发展奠定了基础。政策的支持、平台的完善，为远志产业发展，甚至整个中药材产业发展都提供了更加便捷的通道。

二、市场需求量大

山西省中药材产业不仅有着资源丰厚的先天优势，而且迎来了国际国内需求旺盛、市场空间持续放大的喜人前景。

就国际市场而言，有专家预测，21世纪植物药提取药品将逐步成为全球医药市场的主流，各国对中药材的需求将快速增长，国际植物药市场份额每年已达400亿美元，并以每年25%的速度增长。目前，国际上约有170多家公司、40多个研究团体在从事传统药物的研究和开发工作。而国外正在兴起的中医热直接引发了对中药材的大量需求。统计显示，国际市场对中药材的需求量逐年增长，已有120个国家和地区从中国进口天然药物。浑源、应县的黄芪，新绛县的远志就是山西省多年来在海外市场久盛不衰的品种。随着人们对生活质量要求的提高，有一个好的睡眠质量已成为最基本的要求。远志在治疗失眠健忘以及神经衰弱等方面疗效独特，且副作用小。据调查，远志在国内外市场比较畅销，年销量约为2000 t，尤其在韩国、日本和东南亚新加坡、马来西亚等地的出口量远远超过国内饮片的用量。

就国内市场来说需求量更大。由于受人口增长、老龄化、人民生活水平提高等因素影响，全国中药产品需求也成倍增长，目前国内中药材市场年需求量在200万t以上，2010—2014年，中医药国内市场需求以每年33%的速度增长。山西省80%以上的药材销往全国各大药市以及中药企业。特别是黄芪、党参、黄芩、连翘、远志、地黄、山药、柴胡、款冬花、山茱萸十大道地药材，以其优良的品质成为国内市场的抢手货。山西省内企业加工生产的传统特色中成药，如定坤丹、牛黄安宫丸等以及中药材提取物、保健品等都以良好的声誉在国内市场畅销。随着远志药用价值的开发，其药用量也在逐年增加，因而对远志药材及其衍生品的市场需求量也在增加。

三、国际认可

我国中医药以其临床疗效确切、预防保健作用独特、治疗方式灵活、费用相对低廉，特别是随着健康观念和医学模式的转变，越来越显示出其独特优势，因此也由过去被排斥转变为被青睐，中医药的地位、作用及其科学性不仅得到国内业界人士的广泛认同，在世界范围也得到认可。我国已与 70 多个国家和地区的政府卫生部门签署合作协议，2011 年中药出口到 150 个国家和地区。目前，世界上已有 100 多个国家和地区建立了各种类型的中医机构，中医药除了被日本、韩国及东南亚国家广泛应用外，欧美许多国家制定、修改或出台了中医药、传统医药或者植物药法案。2019 年，世界卫生大会审议通过《国际疾病分类第十一次修订本（ICD-11）》，首次纳入起源于中医药的传统医学章节，这对推动中医药国际化具有重要意义，也对中医药开拓国际市场提供了很好的契机。

四、可作为山西药茶原料

《茶经》中记载："茶之饮，发乎神农。"作为神农炎帝的故乡，山西制作药茶、饮用药茶的历史已有数千年。长治、晋城、临汾、运城等地民间均有制作连翘叶茶、桑叶茶等药茶的传统。明清时期，山西茶商从福建武夷山贩茶，一路北上，出口至俄罗斯及欧洲等地，开辟了驰名中外的万里茶路。山西省委、省政府高度重视山西药茶产业，时任省委书记楼阳生亲自谋划、亲自部署、亲自推动，以药茶等产品为重点，聚力农产品精深加工十大产业集群，全力打造中国第七大茶系。目前，山西药茶影响力不断扩大，标志设计、商标注册、标准制定等有序推进，山西药茶产业联盟正式成立，省级区域公用品牌即将发布，全省药茶加工企业达上百家，开发出连翘叶、沙棘叶、桑叶、枣叶、毛建草、槐米等单品茶和黄芪普洱、枸杞菊花等拼配茶产品 200 余款。据报道，山西省将扶持建立 20 个标准化药茶生产基地，培育 20 个药茶生产重点企业，并制定药茶质量和工艺标准。山西药茶主要是以道地药材为原料，而远志作为大型道地药材，搭上"山西药茶"也是一个发展方向。

第四节　山西省远志产业发展的威胁分析

一、野生资源药材大量减少

远志规模化栽培始于 20 世纪 80 年代末，在此之前历代均用野生药材。野生药材因生长缓慢、植株矮小、单株产量低、生长分散和不易采收等原因而使收购日趋困难。同时，大量采挖使各地资源明显减少，分布区域缩小，药材质量也随之下降，加之对生态环境的破坏，其密度和再生能力明显减弱，产生“越挖越少、越少越贵、越贵越挖”的恶性循环，这种现象在一些经济贫困的地区，特别是在没有更好的经济来源，当地群众靠采挖远志卖钱来获取一定经济收入的地区，表现更为突出。此外，过度放牧以及自然灾害等也对远志资源造成了一定破坏。

二、山西省与发达省份的差距较大

吉林、山东、广东等省中药产业发展迅速，其产品已在国内市场占有很大的份额，山西省中药产业资源优势还未完全转化成产业优势。比如，全国通过GMP（Good Manufacturing Practices，良好生产规范）认证的中药饮片生产企业有1100余家，中药饮片工业总值1307亿元，而且连续3年保持30%左右的增速。而山西省仅有中药饮片生产企业14家，占全国中药饮片产值份额的0.3%，与中药材大省的身份实在不匹配。另外，山西省的中药制剂在全国排位也比较靠后。全国中药原料药和制剂生产企业4875家，提取物生产企业200余家，中药制剂工业总值4096亿元。而山西省制药企业154家，仅有中药制剂提取生产线65条。2013年全省中药制剂产值28亿元，占全国中药材制剂产值份额的0.68%。全国有17个中药材批发市场，而山西省目前还没有一家比较完备的批发市场。山西省每年有80%以上的中药材以原料药运往河北安国、安徽亳州、河南禹州等国内几大中药材批发市场，只有15%左右被省内中药厂消化。

三、发达国家纷纷涉足中药和天然药物研发生产领域

随着科技的进步、“一带一路”的兴起和文化交流的扩展，中药的临床疗效优势、道地药材资源优势、保健预防优势及市场前景越来越被国际认可。我国的中成药以其历史悠久、用药安全、临床效验、携带方便、服用方便等优点，在欧洲、美国、日本、加拿大、澳大利亚等国家和东南亚等地区的华人居住区很受欢迎。近年来，美国、欧盟、日本、韩国等一些发达国家的科学家已深刻认识到了化学药品的不良反应和毒副作用，把目光转向了对天然药物和中药的研究和开发，他们不惜重金

加大对中药的研究，目前辉瑞、拜耳、诺华、格兰素等世界制药50强企业几乎都在积极涉足中药和天然药物研发生产领域，对我国中药产业的发展构成了极大的挑战。

四、消费者对中药制剂信心仍然不足

通常情况下，信誉和信用的建立需要较长的时间和考验，也比较难，但是摧毁却是非常容易的，并且一旦摧毁很难恢复。

1. 药材市场乱象

2018年5月9日，中央电视台《新闻直播间》曝光了亳州市个别不法商人在中药材专业市场外储存和销售覆盆子、元胡等伪劣中药材。一时间，中药材市场乱象从行业关注扩散到全社会皆知的地步。从短期来看，综合整治工作，可能影响了消费者对中药行业的信心，影响了一些药企、药商的生意。

2. “伪中医”

中医学是一门极为高深的学问，古代人学习中医从随师学医到出师坐堂，一般都要十数年的功夫才能有所学识，可如今中医大多都是医药分家，这就对中药的发展造成很大的不利。中医治病靠的就是中药，但是现在很多中医师不懂中药，不识中药，更别说去分辨中药材的真假和优劣。

3. 假药威胁

随着中医药在养生保健、疾病防治、健康养老、疾病康复等方面的作用日益凸显，百姓相信中医药的疗效，愿意使用中医药，对中医药有着巨大的需求。骗子看到了这部分人的“需求”，在假药的包装上下足功夫，大肆夸大假药的疗效，贴上“神医后代”、药品专利等虚假标签，提升假药的“可信度”。而部分百姓，尤其是老年人缺乏中医药相关知识，容易被这种手段所欺骗。这些“披着中药外衣”的假药不仅严重败坏了中医药的声誉，影响百姓对中医药的信任度，还给人民群众生命健康造成了极大威胁。

第十一章

国外农业产业链发展现状与经验

对于农业这个古老的产业来说，产业链管理模式是提高农产品国际竞争力、实现农民增收和农业可持续发展的新途径。国际上对农业产业链管理的研究已经比较成熟，美国、荷兰等发达国家和巴西、印度尼西亚等发展中国家对此课题已进行过深入探讨。目前，以美国和荷兰的农业产业链发展最具有可鉴性。其中美国是世界农产品出口第一大国，它的农业产业链专业化、规模化、市场化程度居于世界领先地位；荷兰作为一个西欧小国，利用填海造地增加的大量耕地，发挥其高度发达的商业经济传统优势，也将其农业产业链建成为农产品出口规模居世界第三位的发达地位；巴西则是发展中国家较好实施产业链管理的典型案例。分析其农业产业链管理及其运作的实践，以期从中吸取经验、获得启示。我国长期以来注重的是农业产业化理论研究，目前还没有把产业链管理真正运用到农业产业化经营中去，其他国家在农业产业链管理方面积累的丰富经验，对我们今后的发展具有重要的借鉴意义。

第一节　国外农业产业链的发展现状

一、美国农业产业链发展现状

美国农业自然资源丰富，农业经济自19世纪以来一直在国际化市场经济竞争中求生存图发展，殖民地经济性质促其很早就告别了传统农业和自然经济形态。20世纪50年代，美国已基本实现了农业现代化。这个时期也正是其农业产业链开始延伸发展的时期。此时美国农业已经形成了与其他产业部门共同遵循市场经济发展与竞争规律的现代产业经济体系。近年来美国农业现代化水平仍在不断提高，据统计，1965—1994年美国农业生产指数提高了81.3%，年均增长2.1%。在美国，有关蔬菜和水果流通行业的规模和其他产业部门一样巨大，1993年的零售业产值就已经达到627亿美元，其中蔬菜出口额达到24.63亿美元。2004—2011 年，美国的农业贸易数据见表 11.1。

表 11.1　2004—2011 年美国的农业贸易数据　　单位：亿美元

项目	2004	2005	2008	2011
农业出口	613.83	629.39	1010	1374
农业进口	539.77	592.82	765	947
贸易差额	74.07	36.57	245	427

数据来源：2004 年、2005 年：http://www.ers.usda.gov/data/FATUS/MonthlySummary.Htm
2008 年、2011 年：新华网

1. 增强农业专业化水平

在美国，市场经济高度发达，竞争极其激烈，企业发展战略的核心是竞争力，而培育竞争力则是靠专业化分工。20 世纪 50 年代以来，农场逐步从多种经营转变为专业化经营，只经营一种产品，而且分工越来越细。美国很多优势企业的成长壮大，都是紧紧围绕该企业的专长，即核心竞争力展开的。例如美国棉花农场专业化的比例为 76.9%、大田作物农场为 81.1%、果树农场高达 96.3%等。在美国，各类果品，特别是苹果、柑橘、葡萄等大宗果品，基本上是由专业化农场或公司生产经营的。这些果品生产单位，大体有两大类型：一是从事果品专业化生产和进行筛选、分级和包装后，把产品投放到国内外市场上的农场。二是经营从生产到产品深加工、销售的大型果品生产经营公司。有一些农业公司已经列入美国最大的 500 家公司，属世界上最大的农业生产经营公司，其生产的专门化程度比其他制造业大公司毫不逊色。

2. 农工商一体化

专业化是社会分工深化的结果，它要求以产业组织创新解决不同生产部门和单位之间的协作问题。20 世纪 50 年代以来，在专业化生产的同时，美国农业中出现了农工商一体化经营的趋势，将农场生产与农业前部门（农业生产资料的制造与供应部门）和农业后部门（农产品储运、加工和销售部门）有机地结合在一起，降低市场风险，增加经营效益，提高专业化生产的稳定性和适应性。美国的水果业就是农、工、贸一体化的典型，产、贮加销配套成龙，各个环节的产业链相辅相成，形成利害相关的整体，共同促进着水果产业的发展和完善。

3. 服务社会化

在高度专业化和商业化经营的美国农业产业中，由各种类型专业公司和机构组成的社会化服务体系十分完备，是农业产业不可缺少的部分。从社会化服务的内容来看，主要分为产前、产中和产后服务3个部分，科技服务则贯穿在各个环节。农业的产前服务主要分布于农业生产资料的生产和供应部门，由各种农用物资供应和服务公司与农业供销合作社承担，农场主只要打个电话，就可以随时随地得到保质保量的全面服务。农业产中服务是指在农业生产过程中由专业公司完成某些环节和作业，如大田作物的播种、施肥、病虫害防治等。农业产后服务是随着商品化农业首先发展起来的服务领域，主要包括农产品收购、贮存、加工、包装和批发零售等。由于美国农场生产的产量大，商品率很高，农场主自行加工、运输和销售几乎是不可能的。因此，多数是按合同生产制由农产品加工企业、合作社或承销商定期收购并完成后续的加工、贮存运输和销售环节。另外，主要由政府投资发展农业教育、科研、推广三位一体的科教服务体系也是美国农业现代化的基本经验。

4. 实行“增值农业”的发展模式，延长农业的产业链

20世纪50年代，美国等发达国家的农业生产逐渐实现了集约化、现代化和大规模经营，导致了农业生产效率的大幅提高。然而，农产品产出量的增加并没有导致农民收入的增加，而大量的利润流向了加工、销售、物流等增值领域。另外，农业劳动生产率的提高带来农村剩余劳动力的增加。“增值农业”就是在这种背景下提出来的一种农业发展战略或发展模式，目的是增加农民收入、消化农村剩余劳动力。目前“增值农业”模式的新方式主要包括发展农产品深精加工；改进有关技术、工艺与设备，提高农产品科技含量；运用动植物基因工程和生物技术等，培育高产品种；重视发展机械化和自动化；运用高科技技术，提高农产品的质量，满足消费者对农产品“质”的要求；发展休闲农业、旅游农业；鼓励农民投资农产品运输、仓储或通过参股加工企业以及农业合作组织直接营销农产品等。

从以上总结可知，美国农产品产业链结构图如图11.1所示。

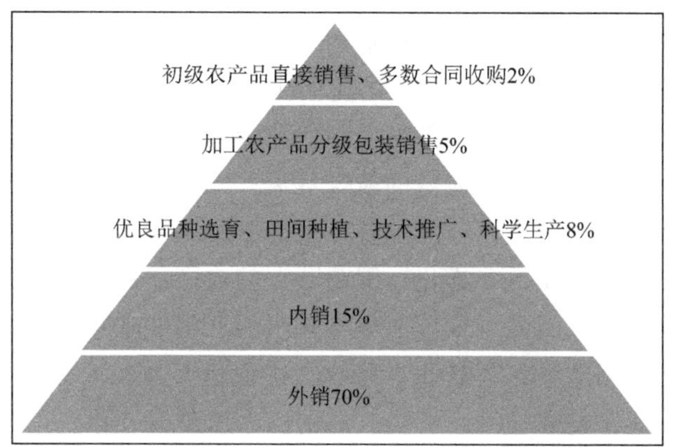

图 11.1　美国农产品产业链

二、荷兰农业产业链发展现状

目前，荷兰已成为世界第三大食品和农业产品出口国，仅次于美国和法国，其农产品的 75%供出口，每年给荷兰带来大约 390 亿欧元的收入，农业部门在国内生产总值中的贡献率约占 12%，生产总值约为 330 亿欧元，基础农业为国民收入和就业的贡献率分别为 3%和 3.6%，近 25%的荷兰物流属于农业物流。荷兰农业产业链特色在于它的物流链，其农产品产业链的发展趋势图与美国相似。

1. 政府的政策支持

荷兰农业的发展与政府的支持性政策是分不开的。多年来，荷兰政府将农业定位为：持续、独立、具有国际竞争力的行业。荷兰政府对整个生产过程，即整个生产链都制定了标准，每个生产者都必须对其在整个链条管理中的作用负责。在政府的支持下，荷兰建立了强大的农业购销体系，专业化程度很高的各种生产资料供应商、购销商将农户的生产紧密地连接在一起，共同向国际市场出击。并且在政府大量投资的推动下，建立了健全的农业产业链教育、科研以及农技推广体系。荷兰已经把增加农业科研投入视为保持农业领先水平的有效手段，并且各种农业科研机构对于农业科研都有自己的独到之处。

2. 发达的农产品物流服务

荷兰农业的发展与其高质量的农产品物流管理系统是分不开的。目前，在欧洲地区内的大多数农业产品和食品是通过公路运输的。配送保鲜、冷冻和易腐货物在储存和运输的过程中都需要制冷和冷冻的技术设备及足够的设备容积量。荷兰的冷冻行业非常发达，活跃在这一制冷和冷冻行业的大多数荷兰公司都具有现代化的制冷和冷冻技术设备，其工作效率高，日常开支低；荷兰的航空货运非常发达。由于欧洲地区客户越来越希望所提供的农业产品和各种食品必须是新鲜货，而且要求提货和送货都要方便，品种多样化，因此欧洲的农产品和食品零售商对于送货时间、速度、产品的可靠性和质量提出的严格要求迫使零售商必须毫不迟疑地拿出完整的农产品和食品的供应系列，而这一切必须依靠物流供应链的不断完整和提升。荷兰人的解决办法就是在市场的附近建立一个农产品和食品中转站，货物首先集中到这个中转站，然后再在中转站进行配送。配送中心收到货物后，根据规范和要求，对农产品进行分类、调制、分割包装和储藏，把农产品和食品及时运送到各个零售商。荷兰正在开发新的物流概念，就是利用电子虚拟物流供应链对物流供应链上的各个环节进行实际操作，向商界和消费者提供品牌农产品的供应商和零售商，访问者可以共享物流供应链上的信息，在网上完成客户订单所需要的物流活动，使农业物流供应链变得更加活跃。由此促成了通过因特网联接起来的供应商、零售商、生产商、种植主、物流供应方和物流各个节点的网络系统，信息透明度、准确度和及时性都得到提高，使得及时改进物流计划、管理、调配、优选等操作更加现实。

3. 先进的管理体制

就农业管理体制而言，荷兰农业关联企业的产业链管理是世界上最先进的，被认为是全世界首先实施这种管理模式的国家之一。现以花卉产业为例来分析荷兰的管理体制。荷兰的花卉产业是高效农业的主导产业，培育、生产、分级、保鲜、包装、销售和运输各环节，环环相扣，形成一个完整的产业体系，从培育到运销的整个运转过程，对一体化经营的要求相当高，任何一个环节的疏漏都可能造成重大的损失。专门研究国家竞争力的哈佛商学院教授麦克波特曾赞誉荷兰的花卉产业是“全世界最创新的产业群聚”。例如，荷兰著名的阿斯米尔拍卖市场就是一个合作社组织，在完善的产销制度下，花农专注生产高品质的鲜花，花商则专注提供高效率的冷藏供应链，在包装和运输上不断突破。精明的荷兰农民不但与同业合作，更擅长分析利害，与上、下游相关产业竞争并合作。每一年所有荷兰花农和花卉大盘商，都拨出营业额的1%作为全球花卉推销基金，由花卉协会专职负责运用基金，行销全球。

4. 发达的农产品加工体系

荷兰把农产品加工作为发展农业的重要内容，而且精深加工的水平比较高。可以说，几乎所有的农产品都是经过不同程度加工后才进入市场的。荷兰没有农村工业的概念，而是把农业作为一个完整的产业来对待，包含了产品的生产、收购、加工、储运和销售的全部内容。荷兰经济具有很强的国际性、全球性影响，农业方面也是这样。2004年，荷兰出口农产品4900亿欧元，占2004年总出口额的19%，大部分产品出口到欧盟的其他成员国。荷兰在欧盟的农业贸易中占有很重要的地位。世界各国的农业出口额各不相同，占居前三的是美国、法国和荷兰，中国虽是发展中国家，但是农业大国，农业出口额占世界前十，而且逐年增加。

三、巴西农业产业链发展现状

巴西是农业大国，典型的二元经济，地区发展不平衡、贫富差距较大、低收入者众多。近年来，特别是1990年市场开放以来，农业生产持续和快速增长已成为巴西经济中的亮点。巴西是世界农产品的出口大国，巴西农业部发表的一份报告显示：2004年，在巴西的主要农产品中，除橙汁出口下降外，其他产品出口全面增长。带动巴西农业发展的因素有许多，而推行农业产业化起到了至关重要的作用。专业化生产与规模化经营的有机结合，大大提高了巴西农产品在国际市场上的竞争力，使巴西在较短的时间内成为农产品的出口大国。在巴西，农业关联企业的研究占据着非常重要的地位。

以圣保罗大学商业、经济和会计学院Decio Zylbersztajn教授为首的一些巴西经济学家对果蔬、牛肉生产链、蔗糖生产链等农业产业链中的组织结构、企业物流管理、产品质量与跟踪系统、信息管理、市场渠道等进行了广泛和深入的研究，从而找出制约产业链绩效发挥的瓶颈，进而对如何提升产业链条的竞争力提出政策建议。Zylbersztajn教授等以农业关联企业产业的协调能力比较为基础，以动态的方式分析巴西牛肉产业链的竞争力，强调协调和竞争力的关系，指出协调是获得竞争优势的源泉。巴西牛肉制品要走进全球牛肉市场，必须充分发挥这种竞争优势，建立协调机制，满足消费者对质量、可跟踪性、标准化和产品认证的需求。1995—1996年，巴西柑橘及其相关产品出口总值达160亿美元，主要市场为美国、欧盟和东亚。Marcos Fava Neves 和 Decio Zylbersztajn 等利用交易成本经济学理论对柑橘产业链上的消费者、分销渠道、农业加工企业和生产部门之间的交易行为进行了分析，发现柑橘产业链上的生产者和企业之间的交易成本比较高，且关系复杂，产业链成员之间大多存在机会主义行为，要提高竞争力，必须更好地协调两者间的关系。途径是：减少纵向一体化层次，实施专业化生产，加大投资力度，建立有效的物流管理程序、分销渠道，改善链条上各成员之间的合作关系。人为提高柑橘竞争力的途径有：在加工企业和生产者之间签订长期合同，建立相互信任关系，利润共享，风险共担，对产业链运作目标和要达到的目标进行长期规划。

四、丹麦农业产业链发展现状

丹麦是世界公认的农业强国之一，全国耕地面积为270万 hm^2，占国土面积的63%，占世界可耕地面积的0.18%。丹麦人口为570万人，占世界总人口的千分之一，农业劳动力仅占世界农业总劳动力的万分之一。但是，丹麦每年的农产品占世界农产品总量的3.1%，且丹麦人均GDP（Gross Domestic Product，国内生产总值）约344万美元，居世界前5位，每个农民的年产值可供255个普通人的生活，农业效益水平较高。丹麦每年约25%的出口额出自农产品和食品，其中66%的农产品出口到世界180多个国家和地区，可满足1500万人口的需求。丹麦农业产业融合初级农产品生产、食品加工、行销及出口等，以农业合作社为核心，将农业产前、产中、产后的专业化有机结合，纵向发展，形成工农商一体化的农业产业链。总体而言，丹麦农业产业链主要包括以下5个特征：

1. 独特的运作模式

丹麦农业产业链包括农产品的生产、加工和流通等，农业范畴涉及第一、第二、第三产业，使得丹麦农业产业链得以延长。丹麦农业的特点是农民成立合作社，负责生产，进而通过合作社成立销售公司，负责销售。也就是说，丹麦农业都是农场式经营，合作社贯穿整个农业产业链。第一，丹麦农业合作化企业把分散的家庭农场融入整个产业链，形成生产经营体系，合作社根据各家庭农场不同的生产方式进行分工、分业生产，通过成立的商业公司全权负责农产品销售，且公司不能拒收，同时通过选取或者投票选择供货者，避免压价。目前合作化企业已涉足银行、保险等领域，最大限度地发挥了作用。第二，丹麦有农场主、家庭农场主和合作企业三大联合会的农民行业组织，通过与其他一些农业组织组成农理会，成立专业的出口公司，负责丹麦农产品的出口。第三，丹麦的全国农业顾问中心负责农业技术推广、农业科技服务，把最新的技术成果应用于农业、传授给农户，不断促进农业发展，提高农业水平。

2. 优质高效的农产品

丹麦政府从 20 世纪 80 年代开始制定法律，严格规定限制化肥和农药的使用量，三大类化肥施用总量由 224 kg/hm^2 降至 144 kg/hm^2。其中氮肥施用量实行强制性标准，磷肥和钾肥为推荐性标准，氮肥、磷肥和钾肥的使用量分别从 136 kg/hm^2、45 kg/hm^2 和 43 kg/hm^2 降至 107 kg/hm^2、7 kg/hm^2 和 30 kg/hm^2。丹麦三大类化肥用量已远低于发达国家制定的为防止土壤污染规定的 225 kg/hm^2 的上限，且一直保持至今，有效降低了化肥污染环境的程度，保障了农产品的优质高效。同时，丹麦政府鼓励农户施用有机肥，且只能在春、秋两季浇肥，以保证有机肥发挥肥效。丹麦政府为保障农产品的优质高效，1986 年规定将农药使用量减少 50%，1996 年增加农药 54%的征收率，效果显著。2012 年再次制定计划，已降低农药对环境负面影响的 40%。尽管丹麦有严格的化肥施用量和农药限制措施，但其农作物的单位产量不但没有下降，反而一直呈上升的趋势，如 2016 年小麦产量比 1986 年增长了 16.83%，玉米产量比 2010 年增长了 59.74%。

3. 专业化程度高、分工明确

随着农业的全球化发展，丹麦农业分工越来越明确，专业化程度越来越高。丹麦的农业以种植业和畜牧业为主，种植业为畜牧业提供饲养原材料，农场所需的产品服务一般都由专门的公司负责，如种子公司、化肥农药公司、农机公司、饲料公司、屠宰公司、销售公司等。专业化是丹麦农业合作社最大的特点，以养猪业为例，丹麦养猪产业链分为育种、仔猪养殖、成猪养殖和生猪屠宰等部分，各部分分工明确，农民根据自身的条件选择合适的工作，充分发挥了农民的能力。奶业从品种培育到奶制品进入市场都实现了专业化运作，延长了产业增值链，提高了经济效益和农民收入。

4. 注重农业品牌

丹麦农业产业化和规模化的形成归于品牌农业的发展。丹麦政府向来对农产品严格监控，始终将有机农业的安全放在首位，是世界最早立法规范有机产品的国家。1987 年开始使用 100% 国家有机认证系统，1989 年建立国家有机标识体系，用来保障消费者对有机产品的信心。近年来，丹麦的有机农产品在《全球食品安全指数报告》中一直位居前列，同时有机食品的零售值达 200 亿欧元，70%以上的市民选择购买有机食品，位居世界第一。在丹麦约有 10%的农业用地用于发展有机农业，全国拥有有机认证的农场达 3700 多家，占总农场数的 9.24%。丹麦有机农产品的技术要求高，处于国际领先水平，尤其是燕麦、牛奶和有机猪肉。为了鼓励和支持有机食品供应商生产销售更多的有机食品，政府将幼儿园、学校、医院等公共机构的食堂转为有机食堂，扩大了有机食品的市场。

5. 农民职业化水平高

丹麦人必须进行 3 年农学院基本教育和 1 年农业实习才有资格成为农民，才能耕种、饲养牲畜。因此丹麦农民的素质、职业化水平均较高。丹麦有 25 所农业院校，大约每年有 75%的毕业生在经过 10 年初等教育和 5 年农学院培养后，通过考试取得“绿色证书”，才能进入农业领域，这极大地提高了丹麦农民的专业素质。此外，丹麦每年有 6000～7000 名农民参加由专家授课 1 周的农校课程，不断更新农业知识；16000 多名农业企业从业者参加丹麦农业信息与教育研究所组织的课程班进行培训，获取新知识。此外，农民通过在生产实践中相互学习，提高自身素质。农民素质的提高有效提升了农业劳动生产率，使农业生产的组织化、集约化程度加深。

第二节　国外农业产业链的运作经验

如美国、加拿大、日本等发达国家，农业产业链发展已经达到了相当高的程度，美国绝大多数农户就是企业，其农业产业发展模式是“企业＋企业＋企业”，农业企业化运营过程已基本完成。从这些农业发达国家的农业产业链的发展经历和经验来看，农业产业链管理主要内容包括农业专业化和集中化、农工商一体化、服务社会化、利益分配机制合理化等方面以及政府的推动作用。在这个过程当中，不仅有政府的相关政策性服务，积极推行农业产业化，同时也成立了很多与农业产业链管理相关的国际性机构（协会），如供应链理事会、国际食品和农业关联企业管理协会及农业协会等，这些机构（协会）对农业产业链运作的各个方面进行研究和探讨，并在会员中分享经验和成果，提高产业链运作效率。

在美国最初开始出现农业产业链的时代，美国农业已经形成了与其他产业部门具有相同生产方式和经营机制的现代经济体系。美国农业专业化水平、农工商一体化程度高，并有专业的社会化服务体系，催生并极大地促进了农业产业链的发展，这是奠定其世界第一农产品出口国的主要基础。

荷兰作为世界第三大食品和农业产品出口国，仅次于美国和法国，其农产品的75%供出口，每年给荷兰带来大约390亿欧元的收入，农业部门在国内生产总值中的贡献率约占12%，可见农业在其国民经济中的重要地位。荷兰政府将农业定位为：持续、独立、具有国际竞争力的行业，把农业作为一个高度发达的完整产业体系来进行运营和发展，这个体系包括了农产品的生产、收购、加工、储运和销售的全部环节。荷兰将成功农业产业链组织概括为：研究、信息服务和教育、高质量常年供应稳定的农产品、具有强烈国际视野的市场组织。从荷兰农业产业链的发展来看，主要有以下几点经验：一是政府的支持政策；二是有发达的农产品物流服务；三是有发达的农产品加工体系；四是具备先进的管理机制。

在澳大利亚，联邦政府关于农业产业链的政策由以产品为中心的内向型企业向外向型企业转变，并于1989年设立了“出口市场营销技能项目”，旨在提高生产者和中小型农业关联企业经理人员对国际市场运作的理解，并提供供应链管理的技能。

日本于20世纪80年代取得了与美国相同的经济能力，并跨入高效农业国的行列，这都归功于日本成功以农协为依托的农业产业链管理，实行组织上的农民化、利益分配上的公开合理化、进入市场的组织化。

第三节　国外农业产业链运作经验对我国的启示

20 世纪 80 年代末，中国提出并具体实施农业产业化经营，经过多年的研究和实践，中国各地农业产业化经营得到了长足发展，被普遍认为是中国农业发展的重要方向。发展的趋势是，随着产业链的形成与运转，将建立起多家专业化公司，形成相互衔接、相互依存、相互支持的系统集成体系，完成整体业务运作，并建立起企业的核心能力和市场竞争力。但是，由于中国的国情和农业的发展状况，中国在农业产业链的发展方面还存在诸多的困难和问题，如农业企业化程度低，传统的重生产、轻加工、轻销售的生产方式，导致农业产业链条很不完整，造成农业的产前、产中、产后环节脱节，农业产业向第二、第三产业渗透也不够，这些都严重制约了农业产业链的综合效益和竞争力的提高。从发达国家的发展经验来看，中国可以从以下几个方面来完善农业产业链，提高其运营的能力和效益。

一、政府组织指导，加强农业产业链组织的战略联盟

农户、专业协会、合作社、农业企业间垂直整合或形成强有力的战略联盟是产业链管理未来的发展趋势。而据国外对产业链的研究表明，实施产业链管理的主要障碍来自组织内部和贸易伙伴间的不协调，目前的农业产业链管理同样陷入了这样一种困境，每个成员都过分地关注自身的利益得失，而很少从整体角度来考虑共同的利益。例如，加工企业为了追求更多的利润而降低原料采购价，而农户为了降低生产成本则忽视农产品的质量等，这些过多重视自身利益最大化的行为必然与产业链的整体获益发生冲突。为了达到产业链有效管理的目的，必须要有一套行之有效的产业链组织机制与之相配合，在产业链伙伴成员之间建立起信任、诚实和开放的组织合作关系，从而获得产业链整体利益的最大化，这是农业产业链成功的一个最基本的要素。

另一方面，基层的农户、专业协会、合作社、农业企业等基本经济单位和组织，迫切需要在本地区或跨地区围绕某一类农产品建立起农业产业链组织，实现生产与市场的有效链接，这种产业链组织可以是紧密的，也可以是松散的。农业企业根据自身的状况，从建立长期合作关系

角度精选少数供应商和销售商。帮助供应商实现规模经济，降低供应商的生产成本，进而在保证供应商利益的前提下降低农业企业的采购成本。与供应商和销售商建立起来的战略合作伙伴关系可以帮助双方简化签订合同的手续，降低交易成本，保证供货质量和销售渠道。政府或上级管理部门通过政策引导、组织规划、协调沟通等手段将分散的农户、专业协会、合作社、企业等组成一条条完善的农业产业链，让市场指挥农业产业链组织的运转，让产业链系统内部组织自己决定生产什么或生产多少，由单一到综合、由短到长、由小到大、由内到外等发展农业产业链组织。通过这种管理组织创新，会充分提高组织效率和决策效果，也为政府支持农业的组织和发展找到了具体载体。

二、加快农业产业链信息化建设

市场信息对农产品风险的影响主要表现在以下方面：农产品市场信息的公共性，导致信息供给的需求不足；信息不完全，导致生产决策风险；信息不对称，导致交易收益风险。要降低农产品风险，应高度重视农业信息的作用。针对当前农产品市场信息的公共特性和广大农村还不具备农业信息化的物质基础和技术力量，政府应承担起农业信息化的重任，建立信息咨询交流制度，在农业产业链信息网络建设方面应给予指导和支持。大量的研究表明，参与共享信息的产业链中的各成员能够提高产业链的整体竞争力，能够在行业竞争中取得明显优势，从而可以提高产业链的整体效益，同时，农产品的价值增值也能够随着产业链的信息化程度与信息共享程度的提高而实现。而现实的情况是，中国农业产业链的信息化程度整体较低，一般公司、合作社、农户没有财力也没有能力来进行较大的信息网络建设。所以加强农业产业链的信息化建设成为当前中国农业产业链发展的一个重要内容。

第一，在农业企业内部各部门实现信息处理、存储微机化。第二，建立公用知识库，构建企业内部互联网络，同时，健全公用知识库信息的收集、加工和更新机制，使知识库的内容、深度、风格与企业发展目标相一致，适时为企业生产活动和经营管理决策服务。第三，数据库的信息集成，对供应链的有效控制，要求集中协调不同农业企业和相关企业的关键数据包括订货预测、库存状态、缺货情况、生产计划、运输安排、在途物资等数据，为便于管理人员迅速、准确地获得各种信息，应该充分利用EDI（Electronic Data Interchange，电子数据交换）和互联网等先进技术手段，实现供应链的分布数据库存信息集成，达到订单的电子接收与发送，共享多位置库存控制、批量跟踪等重要信息。

三、大力发展农业产业链物流系统

目前所研究的物流是指现代物流（Logistics），也可称为物流一体化，即注重物流配送体系的整体性和广泛性，不仅包括传统的储运业务，还包括了采购、生产、流通等多个方面。农产品物流包括农产品生产、收购、运输、储存、装卸、搬运、包装、配送、流通加工、分销、信息活动等一系列环节，并且在这一过程中实现了农产品价值增值和组织目标。在企业运作中，物流被看作企业与其供应者之间相联系的能力。物流的安全、快捷、省钱就是考察物流管理有效性的重要方面。现代化的物流有利于降低生产成本，优化库存结构，减少资金占用，缩短生产周期，保证生产顺利进行。

农产品物流有四大特点：农产品物流量大；物流运作具有相对独立性；物流点多、面广；加工增值是农产品物流的重要内容等。对农业企业而言，物流也日益成为越来越重要的价值增值源泉。产业链的成本有很大一部分花费在产品周转上，要从产业链管理中获得利益，关键是通过减少存货与改善物流运作以削减产业链成本。因此，应根据具体农产品链建立相应的物流链系统，进一步深化流通体制改革，通过农产品流通的社会化、集团化、现代化和规范化，建立起在政府宏观调控下的大开放、大市场、大经贸、大流通体制。一是加强农产品流通的基础和配套设施建设，扩大农村专业市场规模，改善硬件设施，强化规范管理，培育区域的专业农产品批发中心，通过政策引导壮大农产品经纪人队伍。二是健全农村金融市场，大力发展资本市场。三是大力发展信息主导型农产品批发市场，充分发挥超市在大中型城市农产品流通中的作用。四是积极培育多元化农产品流通渠道，有计划、有步骤地建设农产品期货市场，品种选择上可以推出商品化程度高的大宗产品，交易方式上可以先发展长期合同，以稳定供求关系，规避风险，从而实现中国农业产业链的健康、持续和高效地运行与发展。

第十二章

国内发展中药材产业链的实践与经验

随着经济的快速发展，人们健康意识不断提高，中药材成为人们防治疾病康复保健的重要选择。随着中药材产业社会分工的深化，中药材产业链逐渐形成。中药产业链是指在中药产品（中药饮片、中成药、功能性食品、保健品等）的生产加工过程中，从中药材种植到中药产品到达消费者手中包含的各个环节所构成的产业链条。它包括中药材产业、中药饮片加工业、中成药制造业和中药流通业4个主体环节。实现产业价值和增值的根本途径是产业链的建设。近年来，我国各地围绕中药材产业链成本效益、产业链发展模式、物流体系建设等开展了积极的探索，涌现出一批先进典型，他们的经验和做法值得我们借鉴。下面分别予以介绍。

一、河北安国中药产业链运行现状及优化建议

（一）安国中药产业三次产业发展概况

安国古称祁州，位于保定市南端，属于县级市，地处京、津、石三角中心地带。中药业是安国的特色优势主导产业，安国素有“药都”“天下第一药市”之称，享有“草到安国方成药，药经祁州始生香”之美誉。围绕深厚的药文化、药王庙和药业种植特色基地，结合关汉卿戏曲文化等，安国中医药保健养生、文化、商贸、旅游的结合有着巨大发展潜力。

安国是全国最大的中药材集散地和出口基地，被国务院命名为“中国中药材之乡”、全国首批中药材种植示范县、国家中药材流通追溯体系试点、国家级外贸转型升级专业示范基地、国家中药材种子种苗繁育基地、河北省及物流产业聚集区。多年来中药材种植面积常年保持在10000 hm^2 左右；中药材专业市场经营辐射全国各地及欧洲、东南亚等20多个国家和地区。“中国中药材节”和医药药材交流会每年在安国举办。2012年，中药产业的产值占GDP的比重为3.8%，市场经营品种多达3000种，年成交额可到100亿元。

（二）安国中药产业第一、第二、第三产业链运行中的问题

1. 第一、第二、第三产业结构规模不均衡

2014年，安国市地区生产总值101.2272亿元，三次产业比重分别

为 21.2∶47.6∶31.2。第一产业除了小麦等粮食作物外，盛产苹果、鸭梨，经济作物以药材、花生、瓜果为主，其中平均每年都种植中药材 10000 hm^2。除霍庄、常庄为基地的 6 个规模较大的种植连片区域外，多数为散户种植，中药材质量参差不齐，对第二、第三产业支撑力度不足。同时，道地药材尤其是“八大祁药”的种植面积不到耕地面积的 1/3，从业人员的规模不到全部药业从业人员的 1/3，反映出部分药业种植规模较小。饮片加工很多原材料依赖从安国外地农户购入以及中间商，甚至还有需要从国外进口药材的现象，如安国圣山药业有限公司等。在市场和产业结构选择机制下，第一产业规模不足、产品种类不全、某些珍贵中药原材料如冬虫夏草等极其稀缺，都影响了产业规模和效益提升。安国市大多数中药企业以加工业为主要获利途径，安国第二产业占 GDP 比重居高，与第一产业供需配比不充足，以及对第三产业技术需求降低。安国中药产业第三产业的技术以及资金明显不够到位，只有少数企业拥有比较发达的技术（例如，二维码识别质量追溯等）来为第一、第二产业提供技术支援，而大多数中药企业还是依赖人力、低端设备而非高新技术来促进产业发展。

2. 空间结构制约因素多

近年来，安国市“三区、三基地、三体系”加速推进，但制约因素主要有：第一，由于安国的交通体系中没有穿城而过的高速公路以及高速铁路，正在建设的石津高速公路尚难满足安国市区的交通需求。安国市很多中药企业在原材料获得过程中交通运费成本较高，例如需要从外地进口中药材，运输过程中难以开展冷链物流，一些草药保鲜难度大、运输时间过长而品质下降；第二，安国市区面积为 1200 hm^2，建成区的道路属于老城区，道路较窄。尽管西伏落村中药博园分车道和数字中药都周围的道路达到一级标准，但通往外线的安国到保定的道路省道 S382 号仅达到二级标准，道路的客货运承载力不足，常出现堵车现象，跨其他县的道路毁坏严重，部分车辆无法正常通行，影响药业重型车辆的物流通量；第三，在 2012 年，安国市中药材种植面积约 8934 hm^2，虽然有常庄镇等部分规模较大的种植区域，但龙头地位不强，占河北省全省的药材种植面积的 11.6%，其占安国市面积 18.4%，规模化格局暂未形成。安国中药都循环工业园区产业园区坐落于西伏落镇，2013 年面积为 2330 hm^2，建成区 700 hm^2，入驻企业数量 108 家，建成区企业空间开发强度0.15个/hm^2，规模以上企业达52家，2016年实现主营业务达到284.7亿元，入驻企业的现代中药和健康食品为主导产业，园区联合京津冀中医药科研院校，成立中药产业技术联盟等人才科技支撑，并吸引北京同仁堂等知名企业入驻。可见，入驻企业成为制约因素。

3. 产业链要素驱动能力不强

（1）政策支持不够细化。目前，安国的各类中药材政策中，科技政策出台频繁，而发改委、工信部门、农业、商贸部门的政策与科技政策的耦合性和协调性仍需完善。根据调研，作为北方最大的中药材专业市场安国交易大厅、东方药城集中交易场所中心交易大厅和各大中药产销企业，受到政策支持明显不够均衡。首先是资金问题。两个交易场所的年租金前者达到7万元，后者仅有0.4万元。较高的税收使许多销售者难以长期存续，更多的创业者远离此地另谋他路；交易场所基础设施落后，交易大厅环境质量偏低，现货钱物直接交易，缺乏电子交易等科技手段；其次是企业对政策的落地不实，执行不力。如，因第一、第二、第三产业相关政策不够浅显，操作性配套不够，匹配不及时，安国圣山药业有限公司管理层对政策理解不够，以饮片加工为主的第二产业，没有向当地第一产业规模化延伸，以大健康旅游为主的第三产业链条则因缺乏资金及技术支持导致中药产业链整体没有质的飞跃。

（2）科技支持力度有限。第一，在中药种植、饮片加工和物流商贸的产业链中，大多数企业没有取得过发明专利权，部分企业缺乏科技培训，少数企业不知晓政策指引，由于产业链整体创新不够，企业产品生产过程中最核心的知识产权依附性强，自主知识产权缺失导致技术价值少，品牌溢价低。第二，一些中药材加工机械化水平不高，主要依赖人力。机械加工过程中产品因机器瑕疵以及落后导致一些药材的饮片加工质量参差不齐，药材质量不稳定。第三，由于创新不足，新产品缺乏新意，在营销过程中又无法找到契合实际的销售模式，导致产品无法得到消费者喜爱，引起一些饮片加工企业的库存积压。第四，很多企业注重于眼前利益，专注于产品的生产，忽视产品质量尤其是品牌方面的提升。

（3）资金落地额度不足。虽然安国市引进中国华融资产管理股份有限公司、北京控股集团有限公司、中国铁路工程集团有限公司、北京首创股份有限公司等战略投资参与中药都建设，设立中药科技创新引领资金，产业引导股权投资基金，撬动吸引社会资本参与公共设施建设，但是资金瓶颈仍然没有破解。中小企业创新投入严重不足。近期，用于中药产业区域创新的省级政府引导性科技投入资金一期仅约200万元，有近20多家中小企业申报，每个企业不足20万元，在资金实际使用过程中，资金申报到位的时间为半年周期。企业对质量追溯体系的投入不足，资金使用效率不高，没有较强的监管力度。同时，缺乏资金援助，设备技术较为落后，企业中药饮片设备技术与欧美发达国家同行业相比差距明显，越来越多国际同行抢夺中国市场，使安国市内企业面临巨大的竞争压力。

（4）人才贡献率有待提高。第一，一些企业对市场缺乏前瞻性，没有对市场未来深谋远虑，不懂得市场发展的运行规律。“小富即安，大富不安”的落伍思维模式导致企业仅能够满足一时之需，得到一时利益，在市场变化的过程中一直落伍，不能先行市场变化一步。第二，对员工的技术培训不重视。企业本身就缺乏人才，在本次调研中共对三家企业进行走访调查，在与企业的管理层、基层员工的接触过程中了解到，公司中大专学历以上人员大多数为安国市本地人，在其中一家规模较大（企业总人数为189人）的公司中，大专、本科及以上学历的员工仅占公司总人数的17.5%，科研人员占总人数的26.5%，并不能达到国家对高新技术企业的认定中关于大学专科以上学历的科技人员占企业当年职工总数的30%以上这项要求。科学技术的一部分源于对员工的培训与开发，可是许多企业却对此不够重视，不愿意付出更多资金投入于技术培训。第三，外聘员工有临时性、外借性等特点，本土化程度不高。

综上所述，安国中药产业的链接机制不论从政策引导力度、科技服务强度、资金落地额度，还是人才贡献率和产业创新能力等方面均有待提升。

（三）优化安国中药产业链发展的对策与启示

1. 建设特色小镇，开展庄园式旅游

建设霍庄中药养生小镇，以弘扬中华药文化为宗旨，集旅游观光、科学研究、科普推广、餐饮娱乐为一体的综合性设施，实现庄园经济综合效益。完善和延伸中药种植基地的产业链条，创建“公司＋合作社＋

基地＋药农＋产品＋网络＋旅游”的发展新模式，带动药农增收致富。结合中药材的种植、初精加工、调料加工、旅游观光、养生度假、科技示范、药膳制作、采摘等功能，进而围绕深厚的药文化、药王庙和药业种植特色基地，结合关汉卿戏曲文化等，发展安国中医药保健养生、文化、商贸、旅游相结合的区域产业创新融合模式。

2. 培植龙头企业，优化第一、第二、第三产业组织结构

第一，推进农村土地的“三权分置”，加快农地经营权向规模化流转。加强农地转中药材基地“农转药”土地结构升级。促进农业产业经营由分散农户为主向规模化合作经济组织和企业为主转化，鼓励村级集体创办农业合作经济和股份合作经济组织。第二，扩大基本生产经营单元的生产规模。引导市场饮片加工资源集群化发展，推动已通过GMP认证的中药饮片企业间以龙头企业为引领实施，企业集团化、品牌化、战略性深度合作与整合，鼓励中药企业以大健康产业为核心，鼓励中药材加工环节企业多元化发展，发展中药保健品、中药日化等多元化和系列化产品，整合市内中药加工资源，规范加工环节，形成大健康企业集团。第三，提升规模化、组织化、标准化、区域化生产经营绩效和增加产业链主体收入。

3. 大力发展数字中药新型商业模式

中药材经营将由产地—市场—终端模式向产地—终端模式转变，大力发展B2C（Business to Consumer，商对客电子商务模式）、C2B（Customer to Business，消费者到企业的模式）和O2O（Online to Offline，线上线下一体化）等商业模式，市场交易环节将会逐渐萎缩，交易份额将锐减，中间商将会被中药材电商取代。因此，应引导原有药材商转型，组建企业或者加入职业经理人、专业中介队伍，鼓励职业化专业化发展。建设安国数字中药都，推动传统中药材经营向虚拟化、国际化交易模式转变，整合中药交易中心、仓储物流中心和信息中心，实现中医药大商贸仓储物流升级，引入智能化的物流管理系统，不断提高物流配送的运营效率，推动安国形成全国最大、标准引领的一流中医药物流与信息中心，创新交易流通模式，引入质量流通追溯体系、电子商务、标准化仓储质单等新技术，发挥第一、第二、第三产业融合的数字化新药都功能，建立期货交易和跨境电子商务平台，形成中医药大商贸物流体系。

4. 完善中药材质量评价标准，严格把好中药材质量关

药材质量是产业链贯通的命脉，发挥集散交易的优势，以“八大祁药”为核心，建立符合 GMP 标准的中药饮片现代化生产基地。遵循《中华人民共和国药典》是药品研制、生产、经营、使用和监督管理等法定依据。所有国家药品标准应当符合《中华人民共和国药典》范例及附录的相关要求。但基于影响中药材质量的因素繁杂的原因，现行药典中有些质量评价指标的选择和含量限度的制定不尽合理，尤其在市场流通领域，优势没有真正起到衡量一个药材质量和价值的作用。针对这个情况，应对中药材生产及流通领域加快制定切实可行的量化体系与质量标准，同时加强监管，严格执行。

5. 实施第一、第二、第三产业融合升级战略，多渠道打造区域品牌

顺应大健康时代回归自然、回归健康、回归体验、回归文化的趋势，实施中药材和文化及旅游业融合发展战略，全面提高安国中医药产业的竞争力和中医药文化的内涵，奠定安国千年药都的品牌价值，形成旅游文化养生的氛围。政府要定期组织中药材生产和储存的知识宣传教育，提高从业人员对中草药的认识。充分发挥中国药材网、河北药材信息网等各大药材网站的作用，根据客户需求不断优化中药材专题，专题栏目不仅要包括中药材品种、中药材作用、加工流程等简单介绍，还要将企业的中药材信息资源进行整合，建立起中药材品类信息资源库，不断加强网络建设。同时，可以利用网络手段来达到中药材促销的目的，从而进一步为安国中药产业之都和特色小镇的发展打下坚实基础。

二、甘肃省中药材产业链发展现状

素有“中药材基因库”之称的甘肃省是我国最重要的中药材产区，发展中药材产业具有天然的优势与悠久而深厚的历史基础。2017 年，甘肃省中药材种植面积和产量分别达 29 万 hm^2 和 11.5 亿 kg，均位居全国首位。然而，与雄厚的资源基础相比，中药材产业面临产业链条短、加工企业规模小、加工能力弱、产品开发层次低等挑战，加之药农“无标生产”“无规约束”的低组织化程度的经营行为，导致甘肃省中药材产业仍未摆脱“产量大省、产业弱省”的困境，因此，全面把握中药材产业链整体发展状况并对产业链稳定性运行进行科学评价，进而构建

各环节无缝衔接、利益主体紧密协作的稳定的产业链，不仅是当前甘肃省中药材产业发展的迫切需要，同时对实现资源大省向产业强省的转变具有重要的战略意义。

从区域竞争力看，运用因子分析法对区域竞争力进行综合评价，结果显示：(1) 定西市、金昌市、甘南州和陇南市的综合竞争力位居前列，属于优势产区；临夏州、庆阳市、武威市、张掖市、天水市和白银市的综合竞争力较低，属于次优势产区；酒泉市、兰州市和平凉市虽然属于欠优势产区，但未来仍有较大的发展潜力。(2) 要素禀赋是区域中药材产业发展的基础条件；加工能力相对低下制约了中药材产业竞争力的提升；(3) 以产业扶持力度、区域开发强度和产业增值效应等指标为表征的发展能力因子权重最大，是影响中药材产业整体竞争力最主要的因子。

从运营模式看，批发市场模式、合作社模式、第三方物流模式和公司模式是当前中药材产业链运营的主要模式。批发市场模式在运行过程中虽然存在因信息不对称而造成的“卖难买贵”现象，但作为传统的运营模式，其存续时间较久，交易形式简单，是目前陇西中药材产业链最主要的运营模式；公司模式作为中药材产业发展的主流模式，在有效缓解了药农“卖难”困境的同时，为其提供了技术支持，但其松散的组织化程度亟待进一步提升。以合作社模式和第三方物流模式为代表的新型运营模式的出现，不仅提高了中药材产业链的运营效率，为各参与主体带来了极大便利，而且还降低了药农承担的成本和风险，但这两种模式仍处于起步阶段，未来的推广和普及还需更多时间。

从运营效率看，选取运营成本、运营费用率、运营利润率和生产者分得比率作为测量中药材产业链运营效率的指标，通过测算分析可知：以运营成本和运营费用率为测量指标时，合作社模式的运营效率最高；而当以利润率为测量指标时，四种运营模式的利润率高低顺序为：合作社模式（36.090%）＞批发市场模式（34.910%）＞第三方物流模式（34.182%）＞公司模式（25.273%），合作社模式的运营效率最高，公司模式最低。以生产者分得比率为测算指标时：公司模式（58.470%）＞合作社模式（53.634%）＞第三方物流模式（49.560%）＞批发市场模式（48.892%），公司模式的生产者分得比率最高，批发市场模式最低。从药农角度看，公司模式是实现药农增收的最佳模式。

通过上述分析，可以从以下几方面来改善中药材产业链质量，提升中药材产业竞争力：

1. 创新中药材产业链运营模式，加快经营方式转变，提升产业链整体运营效率

通过对陇西中药材产业的调研发现，中药材种植体现出很强的分散性和盲目性。一方面，药农信息渠道狭窄，组织化程度低与“无标生产”“无规约束”经营行为叠加，加剧了“小农户”与“大市场”之间的矛盾。另一方面，产业进入壁垒低，中药材由优生区向适生区、不适宜种植区扩大的趋势明显，难以实施中药材种植的全面质量管理，致使品种混杂退化现象较为严重，中药材提纯复壮、规范化繁种育苗问题突出，符合GAP标准的基地严重不足，GAP操作规程得不到有效落实，仍处于示范推广阶段。因此，在巩固发展具有明显优势和地方特色的道地中药材基地的同时，鼓励和引导中药制药企业通过“公司＋基地＋农户”“公司＋合作社＋农户”等新型且适合当地中药材产业发展的模式，建立优质药源生产基地，实现规范化种植、规模化生产，实现中药材产业转型跨越发展。

2. 完善相关部门监管体制，防止资本投机行为造成“信息不对称”

随着中药材生产成本的增加和人工、设备更新费用的提高，中药材价格波动明显，在中药材产业链运行的中后段出现的人为抬高药价、囤积居奇等行为容易造成“信息不对称”的错误市场信号。因此，国家中医药管理部门、物价管理部门应进一步完善建立重点药材品种的市场运行信息监测、预警体系，把握中药价格信息，对非正常的价格波动给予及时的行政干预，并严厉打击人为抬高药价、囤积居奇等行为。尽快建立并不断完善中药材收储制度，实现国家对大宗中药材品种的收储管理。

3. 构建中药材质量保障体系，完善生产、经营管理规范，建立覆盖中药材产业链全过程的可追溯体系

中药材产业链运营全过程存在的主要问题就是缺乏准入标准和严格监管，散户药材从来源、晾晒、包装到存储、运输均没有相应的规范。因此，建立药材来源可追溯、药材去向可查证、相关责任可追究的中药材全过程可追溯体系势在必行。随着现代信息技术和物联网技术的日臻完善和提高，通过创建中药材产品包装带有的电子标签或者二维码，对

中药材来源、生产加工和市场流通等产业链相关环节的有关信息进行查询，形成倒逼机制，进而有力保障中药材的质量安全。

4. 增强整体研究机构的科研实力，全面提升中药材产业链上加工环节的转化能力

陇西中药材深加工企业整体上数量少、规模小、加工能力低，对药农带动能力不强，中药材产值与种植面积位居全国之首的地位不相称，中药材深加工与增值效应成为资源大省向产业大省转变的短板。因此，政府要加大对中药材深加工的科研经费投入，引导加工企业与高校或科研机构合作，增强研究机构的科研实力，提高产品科技含量，从而全面提升中药材加工转化能力和产品市场竞争力。

5. 实施“外引内联”战略，内生式孕育与外生式推动相结合促进中药材产业的整体发展

按照优质道地药材、传统大宗药材和贵重药材品种向优生区集中、加工生产企业向园区集中的原则，引导各类生产要素向优势产区、优势企业和加工园区集聚，内生式孕育集聚。同时，涉药部门（工商、农牧、科技等）联合构建集药材种植加工、科技支持、企业技术改造、仓储建设、节能减排、品牌培育与宣传等为一体的多元化社会化服务体系，外生式推动产业发展。

三、湖南省中药材产业链发展现状

湖南省位于中国长江中游以南、南岭山地以北，全境东、西、南三面山地环绕，其间丘陵和小盆地起伏交错。由于这种特殊的地形，造就了优越的野生中药材资源自然禀赋，据第四次全国中药资源普查试点工作结果显示，湖南省中药资源共计4123种，其中药用植物3604种，药用动物450种，药用矿物69种。但湖南丰富的中药材资源优势并未转化为产业优势，为促进湖南省中药材产业发展，由湖南省经济和信息化委员会组织湖南农业大学、湖南省中医药研究院等组成的专家团队起草，并于2014年9月正式颁布了《湖南省人民政府办公厅关于加快中药材产业发展的意见》（湘政办发〔2014〕80号）（以下简称《意见》），正式提出培育“湘九味”品牌中药材的全产业链发展战略构思，聘请曾建国等15位专家组成湖南省中药材产业专家咨询委员会。在湖南省经济和信息化委员会、湖南省科学技术厅等多个部门的支持下，咨

询委员会围绕《意见》中提出的中药材产业发展目标，为落实2015年4月国务院转发工业和信息化部等部门《中药材保护与发展规划（2015—2020年）》（国办发〔2015〕27号），湖南省经济和信息化委员会、湖南省科学技术厅、湖南省中医药管理局等12部门联合起草并提出以重点实施野生中药材资源保护、湘产优质中药材培育、中药材产业链技术创新、中药材农用产品资源化利用、林药培育、中药材现代流通体系建设六大工程为核心的《湖南省中药材保护和发展规划（2016—2025年）》（以下简称《规划》），2016年6月湖南省人民政府转发了此文件（湘政办发〔2016〕45号）。为落实2016年10月中共中央、国务院印发的《"健康中国2030"规划纲要》（中发〔2016〕23号）和2016年12月发布的《中华人民共和国中医药法》（第十二届中华人民共和国主席令第五十九号），湖南省人民政府还印发了《湖南省中医药发展"五名"工程实施方案（2016—2020年）》（湘政办发〔2016〕79号）和《促进医药产业健康发展的实施意见》（湘政办发〔2017〕35号）。湖南省发展中药材产业链的做法和经验主要是：

（一）科技引领中药材全产业链发展

为落实《规划》中的产业链技术创新工程，2016年湖南省科技厅委托专家咨询委员会组织顶层设计并率先发布了"中药材全产业链发展"的创新引导计划，决定5年投入1亿元资助中药材产业创新发展，并已在2016年和2017年分别落实安排约2000万元经费。该计划设6个方向（即特色中药材种质创新，优质中药材栽培技术研究与种植推广，中药材采收及产地初加工、提取物、中药饮片生产质量提高研究，大健康产品创制与示范，中药材物联网，市场质量保障体系构建），共18个任务，展开全产业链研究，为湖海省中药材产业精准扶贫和药农持续增收提供重要技术保障。

（二）以中药材为核心推进"中药产业链"

为落实《规划》中"湘产优质中药材培育工程"，湖南省经信委等8个部门制定了《湖南省中药材种植基地示范县认定管理办法》（湘经信消费品〔2015〕462号），首批已认定隆回、邵东、龙山、安仁、桂阳、新化、洪江、慈利8个基地县；并建议成立县级中药材产业领导小组，加强集约化、工业化中药材产地初加工从而推动一县一品，打造标志性中药材集散地。更重要的举措是，通过开发生产大健康产品来培育和扩大种植药材的市场空间，从而解决“种什么、卖给谁”的问题。因此，围绕中药产业链共性问题，以中药材为核心优化产业要素配置，培育优势企业及产品，湖南省经信委组织专家反复讨论拟推进实施“963”工程（即打造9个“湘九味”品牌药材，培育60家中药产业链优势企业，搭建创新、流通、服务三大系列平台），着力构建形成集科研、种植、加工、制造、销售、服务于一体的中药产业链产业体系，落实《规划》，实现“111”目标（即产业链规模达到1000亿元，实现规模化、品质化中药材种植基地100万亩，产业链综合实力跻身全国十强）。

（三）社会力量积极参与

在湖南省科技厅的关心下，批准成立了由湖南农业大学牵头，湖南中医药大学、湖南省中药研究院、湖南农业科学院、中南林业科技大学、千金药业、汉森制药、九芝堂、紫光古汉、廉桥中药材市场等高校、科研院所及企业参与的湖南省中药材产业技术创新战略联盟（以下简称“联盟”）；2017年5月在湖南省经信委的支持下，由湖南省民政厅在“联盟”的基础上批准成立了湖南省中药材产业协会，现已有超过500个会员单位，预计全省会员达万人。为湖南省中药材产业（联盟）协会秘书处的建设，湖南农业大学专门在国家中药材生产（湖南）技术中心标本园基地提供办公场所，开发了“湘九味”微信公众号和网站。协会秘书长单位由启迪控股股份有限公司与原华为精英团队投资组建的湖南湘九味中药材开发有限公司担任，“湘九味”公司积极构建湖南省中药材技术信息、种植信息、市场信息等服务平台，为实现平台造血功能，后期将进行市场交易平台构建。积极组织社会资本参与基地县的中药材初加工园区的建设，目的是培育形成湘产标志性药材的集散地。湖南省中药材产业（联盟）协会积极推动县级中药材产业协会的成立工作，先后在新化、慈利、龙山、桂阳、安化等10个县市成立协会，预计在2018年底超过50个县成立县级协会，将为摸清湖南省中药材产业家底提供准确的数据支持。在中国自然资源学会中药及天然药物资源研究专业委员会的支持下，在湖南设立了“湘九味中药材论坛”，为湖南省中药材产业与全国同行交流提供了一个互动的平台，现已成功举办了3次“湘九味中药材论坛”，每届论坛推出2个湘产中药材为主题，取得非常好的效果。湖南省中药材产业（联盟）协会联合《潇湘晨报》，在一年时间内报道50期“湘九味”培育品种，《中国现代中药》亦将成为“湘九味”品牌培育的主要技术平台。

湖南省打算在千百年来已经拥有湘莲、玉竹、茯苓等50多味大宗中药材基础上，通过10年的产业链打造、培育9个被国内公认有影响力的品牌中药材。“湘九味”应具备的四大要素：国家地理等标志认定；单味药材在全国市场的占有率优势；历史人文基础或公认的品质优异；湖南在该资源的现代科学研究与技术开发成果显著。通过聚焦特色品种培育，期待规模化、品质化种植特色药材，夯实与湖南省中药资源自然禀赋相对应的中药材产业重要位置。

四、山东省中草药产业链发展现状

山东省位于北半球中纬度地带，处于中国东部、黄河下游；水资源丰富，气候较温和，气候类型为暖温带季风气候，地理环境优越，地形多样，阳光充足，温度适宜，利于中草药生长，这使得山东成为我国中草药资源的一个大省。山东省有天然药材资源1470种，占全国中药资源种类的10%以上，山东省的中草药种植面积也占到全国的10%，有12万多hm^2，产值达90亿元。山东省中药材种植品种有70余个，20余种道地中草药材，如金银花、桔梗、丹参、西洋参、黄芩、丹皮、栝楼、山楂、徐长卿、银杏叶等，数量占全国的1/10，山东省有种植中草药的传统，多方重视，所以，中草药的产量和质量在全国均名列前茅。

目前，中草药种植业也已成为山东省深化农业产业结构调整，促进农民增加收入、财政增高的支柱型产业之一。

山东省目前共有中药工业企业239家，其中生产中成药的企业140家、生产中药饮片的企业49家。2001—2008年，山东省中药工业的销售收入和利润8年增长了10倍，2008—2015年，连续8年增长30%以上。在这几年中，一大批具有区域特点的品牌企业得到了快速发展，其中销售过亿的中药企业就有近20家。2015年，东阿阿胶、鲁南制药、绿叶制药、荣昌制药、福胶集团、宏济堂制药、圣旺药业、华鲁制药、润华济人堂、瑞阳制药等15家中药企业实现销售收入过亿元。东阿阿胶2016年实现销售收入65.82亿元，同比增长32.8%，现在已成为国内最大的阿胶生产基地，其产量和出口量分别占据整个阿胶行业的75%和95%以上。此外，山东省销售过亿的品种有10余种，过千万的有70余种，有36种新药申报成功，获得中药新药证书13个，正在研制中的新药有100多种，国家保护品种47个，其中被认定为国家重点新产品的有12个。在效益方面，中草药与中成药企业明显高于其他医药子行业和其他传统产业。

近年来，随着中草药种植业的快速发展，山东省中草药生产模式也有了一些变化。传统药农的个体种植规模正在陆续减少，随着规模化种植的不断成熟，山东省中草药种植业发展的重点已转为合作种植。但在发展过程中也出现很多问题，由于市场信息不对称，中草药的生产数量和价格存在较大波动，中草药的种植成本较高，种植模式有些落后，中草药的种植技术、生产加工技术还有待进一步提高。目前在生产环节的影响因素主要是成本升高、资金缺乏、生产技术含量低、产业链不完善、GAP种植基地较少和用地困难。在市场和流通环节制约因素主要包括价格因素、市场信息、流通环节。

如何促进山东省中草药种植业健康稳定发展？山东省从生产、市场及流通等方面提出了中草药种植业发展的对策建议，可供全国和山西省借鉴。①在生产环节，主要是控制中草药种植的成本，加大资金的投入、增加融资渠道，强化技术培训、推行中草药规范化种植、加强质量监管，健全中草药产业链建设、推动中草药的深加工与综合开发，加强GAP基地建设、实施品牌培育战略；②在市场和流通环节，加快中草药市场信息化建设，建设规范化中草药交易市场，构建市场需求及中草药价格分析预警模式；③通过其他方面的措施进行改进，其中包括建立中草药种植业科研体系；设立专门的管理机构；完善中草药发展服务保障体系；创新产业投入机制。

五、湖南省邵东市依托专业市场推进中药材全产业链发展

湖南省邵东市是“中国玉竹之乡”“中国中药材之乡”，当地盛产的玉竹、玄参、射干产销量占全国的80%，杜仲、厚朴为70%，白术、百合为50%。邵东市廉桥镇拥有全国唯一坐落在乡镇的中药材专业市场，被誉为“南国药都”。近年来，邵东市以创建省级现代农业产业集聚区（产业园）为抓手，围绕“一县一特”主导特色产业，以廉桥市场为依托，着力建设廉桥药都产业园和廉桥医药工业科技园区，打造道地药材集约化种植示范区，推进邵东中药材“生产+加工+科技”产业集

群、要素集聚发展。他们的具体做法是：

1. 打造智慧药都，实现中药材专业市场“大流通”

20 世纪 90 年代，廉桥就已跻身全国十大药材市场，但档次不高。2004 年，邵东市全力支持廉桥药市改造升级，征地 36 hm^2，引进投资 4.5 亿元，另辟新址建设廉桥药都产业园，建设经营门店 1488 间，硬件设施跻身一流。2011 年，市场年成交额由原来的 10 多亿元增加到了约 50 亿元。2018 年，邵东市引进上市公司——海南海药股份有限公司建设的廉桥中药材仓储物流交易中心开业。中心一期投资 7 亿元，建筑面积 14.1 hm^2，建造了集电子交易、线下市场、多元服务、健康产业、科技研发、文化传播、人才培养、数据应用、资本运营、产业投资于一体的中药类专业交易平台。2018 年，廉桥药都产业园市场成交额 75 亿元，经营品种 2000 多种。

2. 加快集约发展，建设道地药材标准化“大基地”

邵东市十分重视与大专院校、科研院所的技术合作，积极开展中药材规范化栽培技术研究、示范、推广、服务工作，重点围绕玉竹、玄参、射干等道地优势品种，出台了一系列中药材种植生产规程。全县 16 家中药材规模企业、合作社与大专院校、科研院所签订合作协议，构建“企业＋科研”“合作社＋科研”的利益联合体，极大地提升了邵东中药材栽培、加工技术水平。2019 年，邵东市获得国家中药材区域性良种繁育基地县认定，邵东市多特农业中药材基地成为国家级专家服务基地。目前，集聚区中药材种植面积 8500 hm^2，年产值 10.8 亿元。

3. 建设现代医药工业科技园，推进产业集群“大加工”

依托专业的药材市场和庞大的种植基地，邵东中药材加工业快速发展，集聚了中药饮片深加工企业 23 家，其中省级龙头企业 4 家。为加快产业链条建设，邵东县委、县政府集全县之力，在政策、资金、用地、金融服务、科研开发等方面对廉桥医药工业科技园给予优先考虑、全力支持；投资 15 亿元建设 300 hm^2 的廉桥医药工业科技园，拟引进 100 家以上的中药材加工企业入园。2018 年，集聚区中药材加工从业人员近 3 万人，年加工各类中药材 4.7 万 t，加工产值 25 亿元，已初步形成集生产、经营、加工、种植、仓储、物流、科研为一体的产业链。

4. 构建农民利益联结机制，加快富民强县“大跨越”

集聚区建立健全与农民利益共享的联结机制，带动农民脱贫致富。

2018年，集聚区中药材产业综合产值达120亿元，占集聚区总产值的56.3%，中药材产业税收达2.6亿元。集聚区直接提供就业岗位12万个以上，其中80%以上为当地居民，间接带动就业人数10多万人，人均增收3500元以上。

六、浙江省中药材产业向高质量发展的措施

浙江道地药材资源丰富，全省共有药用资源2385种，资源总量和种数均列全国第三位。浙江省历来重视和保护中药材产业发展，2007年率先把中药材列入十大农业主导产业之一，以“道地性、安全性、有效性、经济性”为重点，以高标准引领高质量发展，在资源保护开发利用、中药材特色强镇、优质道地药材基地、产地绿色加工、全产业标准化、互联网+道地药材、“浙产好药”品牌创建等方面加大扶持引导，使全省中药材产业得到持续快速发展，并成为绿色生态农业强省建设和山区农民致富最具亮点的特色优势产业之一。

（一）产业发展主要措施

1. 加大政策扶持、促进产业集聚发展

制定实施了《浙江省中药材保护和发展规划（2015—2020年）》《浙江省人民政府关于加快推进浙江省中药产业传承发展的指导意见》等规划意见，安排中药材现代农业专项、中药现代化专项、林下产业经济专项等扶持，强化良种繁育、标准研制、经营主体培育、区域品牌创建、中药材特色农业保险和中医药文化宣传等引导推动，凝聚优势要素资源向中药材产业集聚。各主产市、县积极制定规划意见，推动各项措施落实；目前磐安浙贝母、乐清铁皮石斛等4种药材列入浙江省特色农业保险品种，平阳黄栀子试行了价格指数保险。

2. 培育道地品种，提升产业发展新优势

为培育产业发展新动能，浙江省农业厅、浙江省中药材产业协会积极深入开展产业调研，查找短板，合力解决制约产业的共性问题，多措并举，逐步补齐，得到省委、省政府领导的肯定和支持。联合遴选出“新浙八味”道地药材，召开了“浙江省中药产业发展暨‘新浙八味’培育工作推进会”，积极总结研讨浙江省中药产业创新发展之路，分析探索了“新浙八味”做强之举。衢州市联合公布了“衢六味”、丽水市公布了“丽九味”、磐安县公布了“新磐五味”、淳安县公布了“淳六

味”等中药材品种，各地积极培育了优势品种，促进了产业新发展。

3. 创新科技兴药，加快成果集成转化

浙江省农业厅成立了浙江省中药材产业技术创新与推广服务团队，浙江省中药材产业协会成立了由 110 位专家组成的服务团队平台，联合“三农六方”和省、市、县三级的专家，针对产业发展技术瓶颈，开展联合协作攻关。组织实施了第一轮、第二轮产业技术团队项目，建立 6 个区域试验站，30 个示范基地，试验示范优良品种 15 个，示范技术模式 15 项，示范新技术 14 项，取得较好效果。组织开展浙江省 2018 年，农业重大技术协同推广计划试点项目，主要开展全链条式的技术研究、集成创新和提升技术水平，提出了“协同创新、有效安全、共建共享”的协同推广理念。组织对浙江豆豆宝中药研究有限公司三叶青示范基地进行测产，三年生本地种（当地俗称小尖叶三叶青）产量达 7.97 t/hm^2。2018 年，在浙江省农业科技大会上，“浙江药材道地性研究及品质提升技术”被评为浙江省十大农业科技需求，浙江大学研制的“铁皮石斛精准制种及原球茎繁育种苗技术”被评为浙江省十大农业科技成果。浙江省连续 7 年举办“全省道地中药材提升发展培训班”，每年对全省 100 多位中药材行业的新型职业主体进行培训，培训以中药材道地性、安全性、有效性为重点，以专家辅导和互动交流为主，结合现场考察，着力提升“浙产好药”生产技术水平。

4. 规范生产管理，推进全过程标准化

组织实施产业风险评估和过程管控项目，以生产过程和产后初加工两个关键环节为重点，连续 7 年浙江省农业厅实施了铁皮石斛、浙贝母、杭白菊等风险评估和“一品一策”全产业链风险管控项目，着力解决中药材安全生产隐患，提升中药材质量安全水平。组织金华寿仙谷药业有限公司等 30 多个生产基地开展了中药材生产基地信息体系建设，实现生产全过程“二维码”追溯管理，带动全省 1091 家中药材合作社和家庭农场建立了主体追溯合格管理制度。组织制定并实施了省级中药材系列地方标准 30 多个，编制了 16 种《中药材全过程标准化操作手册》，制定了 14 个浙产道地药材《中华中医药学会团体标准》和浙江制造团体标准《破壁灵芝孢子粉》，主导制定《ISO21315：2018 中医药——灵芝》和《ISO21370：2019 中医药——铁皮石斛》2 项国际标准，为“新浙八味”中药的国际贸易提供了统一的标准，有力促进了中医药

“一带一路”建设。浙江省协会联合组织申报了铁皮石斛花、叶列入新食品原料目录，组织制定的浙江省食品安全地方标准《铁皮石斛花》《铁皮石斛叶》目前已公示。《铁皮石斛生产技术规程》等标准项目荣获2018年首届浙江省标准创新优秀贡献奖，树立了“技术创新—标准转化—做优产业”的典型模式，创全国先例。

5. 发挥联合优势，提升浙产好药品牌影响力

加强道地药材的原产地产品保护，“桐乡杭白菊”“天台乌药”“遂昌三叶青”“龙泉灵芝”“瑞安温郁金”“武义铁皮石斛”和“缙云米仁”等15个产品获国家农产品地理标志登记保护，21个获国家地理证明商标，15个获国家质检总局地理标志保护产品，6个获国家质检总局生态原产地保护产品，同时强化对获得原产地保护的品种全产业链扶持。认定了54家中医药文化旅游养生示范基地，率先共建全国首个“浙江道地药材科普基地”，建立了29个道地药材科普宣传站，截至2019年，成功举办了十三届中国·磐安中药材交易博览会、两届中国·千岛湖中药材交易博览会，扩大了浙产药材的影响力。

（二）产业发展的制约问题

近年来，国家高度重视和扶持中药材产业发展，把中药资源列入国家战略资源，把药用资源保护、优质药材生产、中药材质量保障等列为重点工作。但从全省实际情况来看，中药材产业发展还存在诸多不足，甚至制约着产业发展。受土地资源紧缺、劳动力成本较高、优质优价体系不完善等诸多因素的影响，“浙八味”等道地药材优势道地产区逐渐变迁，新产区存在着盲目引种非道地产区品种和扩充产区的现象，缺乏道地药材优质优价的高水平标准，国内外市场竞争力下降等问题日益显现，制约着产业发展和农民增收。同时，国家市场监督管理总局持续加大对于中药材违法违规生产行为的集中整治，加上国际贸易环境日趋复杂，中药材产业发展面临巨大的调整和挑战，急需大力推进产业供给侧结构性改革，提升高品质道地药材的供给能力，以建成“高效生态、特色精品、绿色安全的高质量、高水平现代农业强省”为目标，把握大健康产业发展新机遇，积极构建新型生态道地优质中药材产业体系，拉高“浙产好药”标杆，整体提升全省中药材产品质量安全水平和产业综合竞争力，争取走在全国前列。

（三）建议措施

1. 加强规划引导，培育一批有影响的中药材特色强镇或产业集聚区

以《全国道地药材生产基地建设规划（2018—2025年）》为指导，突出药材“道地性”，各地明确重点发展的道地优势药材品种，整合财政支农项目资金，力争培育15个左右在全国有影响的中药材特色强镇或产业集聚区，推动第一、第二、第三产业融合和全产业链发展，形成合力推动产业转型升级发展。

2. 加强道地药材资源保护和利用，创建一批高质量的“道地药园”和GAP基地

加强道地中药材资源的调查和保护，积极培育有规模、服务强的种子（种苗）企业和示范性合作社，提升道地优势药材品种的良种繁育和推广能力；全面实施生产全过程质量追溯管理制度，全面推行绿色综合防控技术，提升质量安全水平。引导和鼓励制药企业和饮片加工企业，与基地农户共同建立GAP基地和“道地药园”共赢机制，扩大应用“互联网＋道地中药材＋基地农户”的中药农业发展新模式，推动道地产区直接对接国内外制药企业和药商，认定一批高品质的“浙产好药”中药材产品，促进产业增效和药农增收。

3. 加强科技创新，研制一批引领性强的技术标准体系

以“安全、有效”为重点，联合研制实施优于国家、行业标准的先进新老“浙八味”浙江制造团体标准《中药材道地指数标准》系列，拔高道地药材品质上限，为道地药材实行优质优价提供科学依据，合力解决中药材产业发展过程中的“卡脖子”问题。同时，组织研制《浙江药膳》标准和中医药国际标准，积极拓展产业发展空间，加大中药材新型主体和基础农技人员培训，积极培养一批中药材产业领域的专业技术人才队伍，促进科技成果转化应用。

4. 加强“浙产好药”等公共品牌建设赋能全产业链升级

加大政府对“品字标浙江制造”赋能推动，积极培育新“浙八味”区域性公共品牌的注册和保护，加强公共品牌的覆盖力度，以品牌为引领，加大道地药材及相关精深加工产品开发。联合实施“名医好药”行动计划，开展“浙产好药”等品牌产品评选活动，认定一批高品质的“浙产好药”“浙产名药”中药材产品，进而引领产业整体高质量发展。

推进中医药“一带一路”建设，为健康浙江建设发挥积极作用，为产业兴旺、乡村振兴做出积极的贡献。

七、河南省中药产业发展模式及其创新

（一）河南省中药产业发展模式的演变发展

1. 企业＋基地＋农户模式

企业＋基地＋农户模式是中药材经营中比较流行的模式，这种专业化、集中化的生产能够较好地保证中药材质量。企业＋基地＋农户模式是由传统的中药材种养户直接到市场销售的市场＋农户模式基础上发展起来的。河南省道地药材产区的西峡、淅川、淮阳、禹州、温县等地，农户种植药材自行销售。这种模式资源配置灵活，具有顽强的生命力，在各地普遍存在，但缺少规划和组织，具有一定的盲目性，缺少标准和规范。为了保证药材的品质，在国家产业政策的引领下，河南省中药材基本实现了基地化生产，大型医药企业在传统道地药材主产区，依据相关质量标准建立药材生产基地。基地与农户按合同规定方式合作生产药材。一般企业方提供技术和管理指导，包括提供种子等，农户负责种植、采收。农户收获的药材，企业按照合同价格回收。目前全省建有焦作市怀药种植基地、南阳市方城县裕丹参种植基地、南召县辛夷种植基地、西峡县山茱萸基地、唐河栀子种植基地、济源市冬凌草种植基地、许昌市禹州禹南星生产基地、新乡市封丘县金银花种植基地、洛阳市卢氏连翘种植基地、嵩县柴胡种植基地、汝阳杜仲种植基地等 30 多个中药材生产基地。河南优质中药材历史上就具有较好的声誉，白云山制药、北京同仁堂等外地制药企业纷纷在河南省药材主产区投资建立药材基地。

2. 产学研合作模式

科研机构提供技术服务，生产单位消费技术，两者作为技术需求方和技术供给方的合作发展模式，就是“产学研合作模式”。通过企业、科研院所和高等学校之间的合作，促进了技术融入生产，实现了技术向经济效益和社会效益的有效转化。

河南省中药科研资源丰厚，省内有郑州大学、河南中医药大学、河南农业大学、河南师范大学、河南中药研究所等院校和科研机构，为河南省中药产业发展提供了重要的技术支撑。河南省内的新乡、济源、许

昌、新县、洛阳、焦作等地政府、企业，与河南中医药大学、河南农业大学、河南师范大学签订合作协议。科研机构、高等学校与地（市）、企业关于中药产业的合作深入开展，发挥产、学、研优势，相互借力，融合形成促进中药产业发展的强大动能。

3. 全产业链运营模式

中医药全产业链运营模式，是指在资源配置上，把中药种植、药材加工、中成药生产、产品销售、中医药文化开发、中医药教育、中医药医疗养生等融合为一体的产业经营模式，是河南省中药产业发展的一大特色，河南省宛西制药股份有限公司（以下简称宛西制药）是其中的典型代表。宛西制药是一家由老旧小药厂改制建立起来的大型现代化中药制药企业，多年来，弘扬张仲景中医药文化，利用当地中药材资源优势，组建起中成药制药以及旗下张仲景中药材公司、张仲景大药房、张仲景大厨房、张仲景医药物流公司、张仲景养生院，形成了集中药农业、中药商业、中药工业、健康食品生产、中药医疗和中药养生六大产业为一体的健康产业链。

4. 现代专业市场模式

现代中药产业发展中，传统的药材集散市场逐步被现代化专业市场取代。河南禹州中药材专业市场（又称中华药城）是中国 17 家标准化、规范化的国家级中药材专业市场之一，也是河南省境内唯一保存至今的国家级定点中药材专业市场。现代化专业市场改变了历史上流传久远的药农单打独斗的生产经营方式，实现了传统的“集贸市场＋零散种植”的产业模式向“企业连基地，药商加农户”的新型生产模式转变，提升了中药产业化水平。现代专业市场模式不仅实现了农民与合作社的双赢，更加快了中药材生产标准化、规范化、产业化的进程。目前，禹州中药材市场知名药企云集，全国各地药商达 600 多家，市场经营有上千种的中药材。

5. 现代企业运营模式

在改革开放的大背景下，河南省成长出一批在全国比较知名的中药企业，如太龙药业、羚锐制药、辅仁药业等。这些企业运用现代生产工艺，通过整合、改制，构建起现代企业制度，在发展过程中逐渐形成现代企业运营模式。以羚锐制药为例，企业经过 30 多年的发展，成为集医药研究、生产、销售、保健品开发等为一体的医药企业集团，成功在股票交易所上市。公司坚持科技创新，建立健全科技创新体系，不断拉长产业链条，经过股份制运作，先后参股、控股10余家企业，促进了区域经济快速发展。

（二）河南省中药产业发展模式的基本特征

1. 由要素禀赋具有优势的产品带动中药产业整体发展

河南省中药产业是依托自身资源发展起来的。其一，河南省中药材资源丰富，是全国中药材主要产区，中药材的品种数量和储存量均处于全国前列。怀生地、怀牛膝、怀山药、怀菊花、金银花、山茱萸、辛夷花、连翘、丹参、白芷、桔梗、红花、柴胡、猫爪草等中药材种植面积和产量在全国名列前茅。河南省境内中药企业多集中在中药材主产区。其二，河南省中药产业发展模式中，浸润了河南省中医药文化的因素，文化消费成就着“豫药”品牌。以河南省为中心的中原文化，是中华医药文化的根基和主体。中医药文化起源于中原，中医药大师荟萃于中原，中医药文化发达于中原，中医药巨著诞生于中原。河南省丰厚而独特的中医药文化资源弥足珍贵，它既是内容丰富、滋润我们的精神财富，又是可以充分开发的物质财富。

2. 中药商业流通模式中很好地利用了区位优势，中药商业发达，在全国具有较高地位，影响极大

河南省位居国家南北、东西交通枢纽要冲，具有承东启西、连南贯北的区位交通优势，发展物流业可以说条件得天独厚。在国家总体空间发展格局中，中原经济区正位于东西南北经济联系的交会处，物流、人流的聚集效应也日渐凸显。近十几年来，河南物流业飞速发展，带动了其他产业的繁荣兴盛，间接地支持了河南中药商业的发展。河南省有规模大、知名度高的中药材专业市场，建立了能够及时反映市场变化的中药现代化信息服务网络，现代化的中药市场服务体系初步完善。

3. 以中型中药企业为主，运营规范成熟、稳健，企业效益良好

河南省以中型制药企业为主，生产组织的复杂程度相对简单，对于市场反应灵敏，能够快速反应、灵活转型。河南宛西制药股份有限公司的六味地黄丸、月月舒冲剂，太龙制药股份公司的双黄连口服液，河南羚锐制药股份有限公司的通络祛痛膏（骨质增生一贴灵）等产品，已成为河南省乃至全国中成药名优产品，在全国医药市场上占有一定的份额，有着较好的声誉和良好的形象。但大多数企业在生产规模、整体实

力、品牌知名度等方面，存在不小的差距。河南省缺少产值10亿元以上大品种，没有大品牌，制药企业规模小，生产工艺水平不高，名牌产品和精品匮乏，龙头企业辐射、拉动能力不足，不能以互补合作方式形成资源有效利用的产业整体优势。

4. 产业链初步形成，但创新力量薄弱，产业发展模式中科技要素不强

2000年，河南省政府实施中药现代化科技产业基地建设，推动河南省实现中药材种植规范化、饮片加工标准化、中药制药工艺现代化、药品流通现代化、产品质量标准化、品牌系列化、产业集群化，科研实力大幅提升，初步建立起中药现代化产业体系。但河南省中药产业中大多为传统中药品种，高技术、高附加值、高价格的高端产品不多。中药衍生产品（日用品、化妆品、保健食品、中兽药产品、中药农药产品）开发起步早，但成绩不突出。由于投入不足，衍生产品开发力量薄弱，没有能在全国产生影响力的产品。

（三）河南省中药产业发展模式的创新

1. 以“政产学研用”相结合，促进中药产品开发机制模式创新

河南省中药产业运用较广的产学研模式，是比较流行的产品开发模式。但这一模式在后来的实践中也暴露出一些问题。高校和科研机构关注的是成果的数量、质量对于单位声誉的影响，而企业的关注点在项目的创新能否带来良好的经济利益。产学研合作在初期容易达成一致，但双方在价值认同和价值取向上存在差异，合作往往“虎头蛇尾”，难以深入和持久。为解决产学研模式存在的问题，需要引入“政”和“用”的元素。首先发挥政府的作用，争取融资、人才交流等方面的便利，协调产学研各方利益，以政策促进产学研更广泛的合作。将“用”引入产学研结合体系，把“用”视为技术创新体系的出发点和落脚点，是解决产学研模式存在的问题的关键性举措。产学研结合关注的中心是生产方的意愿，受企业能力的限制，虽然想满足市场的需要，但很难通过技术主导产品结构和消费结构。产学研用结合，把买方因素拉进来，让市场的力量直接发挥作用，才更有利于实现以市场为导向的技术创新。可以看出，“产学研用结合”替代“产学研结合”，这不仅仅是在“产学研结合”上添加了一个“用”字，更是一种科技成果转化的系统工程与系统合作。

2. 以兼顾各方利益，实现产业规模化、标准化、现代化为目标，促进中药农业产业组织模式创新

目前中药农业组织模式主要有市场+农户模式、企业+基地+农户模式等，只是在一定程度上解决了中药材产业集约化、标准化和现代化发展的问题，但是中药材产业中各组织之间利益纠葛问题还很突出。现代中药农业产业化组织是一个新型事物，如何构建发展模式，需要有一个多方探索的过程。现代中药农业是中药产业现代化整体的一个有机组成部分，需要构建起与其运行相适应的规则和环境才能起到应有的作用。第一，符合当地的区域性特点和发展特性，适应当地的经济发展水平。第二，中药产业组织如药农、药企、研究开发机构等，在中药材产业化经营中发挥着不同的作用。中药材产业化经营目标模式要在药农、药企、研究开发机构相互借助对方优势、共享收益的原则下实施。第三，以质量就是生命的精神，全力保证生产的中药材质量。解决中药材质量问题的根本途径是药农、药企、研究开发机构有效合作，实施GAP基地生产运作。第四，中药材的种植从物种的生物学特性、不同的种植方式、生长的自然环境、种苗管理、采收到初加工等环节，都有很高的技术含量。进行有效的中药材产业相关技术的研究、形成成果的推广机制是新型产业化经营模式的重要内容。第五，中药对于土地有特殊的依赖，不同的地域产品功效存在差异，也就是说，中药材质量的维护需要自然生态环境质量的提高，中药材产业与生态环境的变化息息相关，这就要求遵守中药材产业与生态环境可持续发展原则。

3. 以塑造品牌为手段，借助信息化工具，促进中药产业经营管理模式创新

“市场看好药，经济看大药。”好药靠技术，大药靠品牌。打造“豫药体系”，创建“豫药知名品牌”是河南省中医药界多年努力的方向，多次纳入地方政府发展规划。实施“豫药”品牌战略，通过技术创新为驱动力让河南省中药资源优势变为竞争优势，以管理创新为手段培育具有较强竞争力的中药龙头企业和名牌产品，提升河南省中药产业整体质量，实现河南省中医药界多年来努力要把中药产业做强做大的愿望，把中药产业做成为河南新的支柱产业。

4. 以现代物流、电子商务为手段，促进中药商业流通模式创新

物流是产业链的一部分，实现的是从产业链源头到终端消费者的快

捷、准确的配送服务。现代医药物流的兴起是对传统中药产业链结构的变革。在传统的医药商业体系中，医药流通受地方行政体系、批发体系的约束，企业很难充分利用社会资源。现代医药物流的主要经营方式是专业化的采购和物流配送中心，形成以产业联系为内容、以经济人为纽带、以集约配送为特点、以电子商务为手段的少环节、高效率的现代流通方式。按照现代物流的模式运作，可以对企业拥有资源和生产要素进行优化整合，最大限度降低流通成本、提高服务质量与效益。完善的先进的物流配送体系和先进的物流技术将成为主要竞争优势，扩大物流配送功能，争取到更多的上下游客户，能使整个产业链的管理趋于协调有效。

5. 以龙头企业带动，借助河南中药文化优势，促进中药大健康产品发展模式创新

随着全球低碳、绿色环保的城市化进程的加速，“药食同源”类大健康产品已经是中药产业发展的重要方向。企业在大健康产品开发模式上，可以将中药配方中的治疗功能精准地移植到相关大健康产品上，同时通过品牌联想，让消费者建立起信任度。知名公司通过强大的品牌营销和精细的渠道控制，打造一个受人尊重和信任的产品品牌。企业对部分道地名贵药材具有一定的控制力，同时通过收购和自主开发药材资源的方式，推出相应的健康保健产品。可以通过对中医药养生文化宣传和品牌的深度挖掘来实现价值回归。在具体产品开发实施的过程中，“品牌”“渠道”“药材资源”和“文化”四者是相辅相成、缺一不可的，只是对于不同企业，它所拥有的资源和优劣势各不相同。中药企业要想发展“药食同源”类大健康产品，最核心的是将文化、品牌、营销和药材资源整合到一个产品上，通过实际效用来占有市场和推广产品。

6. 以生产现代中药和二次开发为内容，促进科技驱动模式创新

创新驱动是中药产业向高效型和节约型转变升级的内在动力。河南省中药产业创新实质就是中药产业科技不断升级优化，主要体现在新药创新和中药二次开发上。中成药二次开发，解决中药现代化的关键核心技术，探寻中药制药技术升级路径，让古老的中药良方老树开新花。二次开发成果能够实现无缝转化，对于中药产业提质增效发挥着引领支撑作用。与新药创新相比，利用高新科技进行新药开发和中药品种的二次开发更是一个有效的办法。

第十三章

山西省远志产业发展的战略思考

第一节　发展思路

认真落实习近平总书记关于中医药工作的重要论述和视察山西的重要指示精神，以农业供给侧结构性改革为主线，以满足人民健康需求为导向，以现代农业科技为支撑，通过龙头企业带动，坚持品种选育、标准先行、基地建设的战略方向，构建布局合理、效益显著的远志优势产区，全面提升远志的生产、储藏、加工和流通水平，构建完善的远志产业服务体系，促进山西中药材产业健康发展，从而带动农民脱贫致富。

第二节　指导思想

认真贯彻习近平新时代中国特色社会主义思想、党的十九大精神和中央、山西省委农村工作的重大战略部署，牢固树立创新、协调、绿色、开放、共享的发展理念，坚持把中药产业发展与农民增收、生态建设、扶贫开发相结合，强化规划引领，加强要素支撑，把中药材产业打造成融种植、加工、医疗、旅游、康养为一体的大健康产业。

第三节　基本原则

一、可持续性原则

首先，应体现在远志资源的可持续利用上。保证远志资源的持续利用是中药材产业可持续发展的基础，不仅要不断提高资源质量、可利用量，通过引导技术进步，增强资源的再生能力，减少资源利用中的冲突和矛盾，提高资源的产出率，而且更要注意保护资源，保护种群多样性、资源遗传基因多样性，保护珍稀、濒危品种，做到对远志资源的保护性开发。其次，应考虑到生态环境的可承载能力，在合理开发利用资源的同时要注意对环境的保护，对远志产业的相关技术进行改进，使之符合保护生态环境承载力的要求。

二、协调性原则

远志产业发展所要遵循的协调性原则主要是指：第一，产业的发展和资源的协调。产业发展与资源协调能力的大小是产业能否实现可持续发展的基本标志之一，产业可持续发展战略的制定和实施必须在增强产业与资源协调能力的基础上进行。第二，产业发展与自然生态环境的协调。这一协调能力主要是要在产业发展的同时将对生态环境的破坏程度降到最低，经济和环境协调发展，长远利益和短期利益协调发展，使生态环境对产业的发展具有促进和帮助的作用，两者达到共同持续发展。第三，产业发展与社会的协调。产业和社会的协调发展是产业持续发展的一个重要目标，也是实现产业可持续发展的基本保障，实现产业和社会的协调可以做到包括缩小城乡差距、增加就业机会等目标，在实现产业可持续发展的同时，实现社会的和谐发展，这也是贯彻落实科学发展观的要求。

三、综合性原则

特色产业的发展是一个涉及经济、社会、技术、自然、环境等方面的综合性的、动态的概念。只有努力使各方面都尽可能地可持续发展，才能使整个产业实现可持续发展。因此，在制定和实施远志产业可持续发展战略时，要充分考虑到综合性原则，考虑到与远志产业发展相关的方方面面，才能达到个体促进整体、局部促进全部的效果，最终实现远志产业的可持续发展。

第四节　对策建议

远志药用价值高、生长周期长的特性，是最需要在宏观层面上顾及产业链上、中、下游产业的各方面规范化管理的产业。目前山西省的远志产业链还很不完善，供需不对称，信息不对称而造成产业链发展不均衡，远志及产业的价值没有最大化地被挖掘。因此，只有采取有效的措施，系统地按照产供销一体化的发展战略来构建远志产业链，并从结构属性和价值属性两个维度来深度培育产业链，才能促进山西省远志产业的健康发展，产业链上的各个产业主体才能均衡稳定地获得应得收益。

一、产业链的结构维度培育

（一）产业链上游环节培育

1. 依据生态适宜性指导远志产区布局

近几年来，远志的价格一直稳定在高位，加上政府支持，农民种药的积极性也越来越高，种植面积不断增加。但种植技术普遍缺乏，种植管理技术也不成熟，导致出现出苗率低、除草剂使用不当等问题。

远志生产周期长，占用耕地面积，除草成本高，产量低，价格时高时低，这些都大大挫伤了药农的种植积极性，导致山西、陕西、河南等地药农放弃种植远志药材。但是远志作为大宗药材，需求有增无减，在退耕还林的政策下，远志栽培可利用面积在减少。因此，可通过林缘地仿生种植、林药套种、粮药套种等新的栽培模式来增加种植面积。同时远志产业的发展，应当由政府指导，合理调研、调配供给，按照远志的适生区合理布局生产区域，保持远志稳定有序的供给。

2. 建立远志种质资源圃

远志种质资源是经过长期自然演化和近几十年人工创造而形成的一种重要自然资源，是进行远志选育良种不可缺少的物质基础，也是进行生物学研究的重要材料。搜集远志同属近缘野生种、各地野生远志和不同变异的栽培植株，建立种质资源圃，能够为远志品种改良提供材料，可增强远志抗病性、抗自然灾害的性能，达到改进品质、提高产量的目的。一些破坏比较严重的区域，采取常规保护措施难以恢复远志资源，应抓紧时间采集种源，在当地建立适当规模的种质资源圃，保住当地的种质资源，条件成熟时，对野生资源进行重建和恢复。

3. 建设远志种子种苗繁育基地。

围绕道地药材或优势中药材品种，加大科研联合攻关力度，将传统与现代育种技术相结合，选育道地性强、药效明显、质量稳定的新品种。重点开展远志等道地药材原种保存、传统品种提纯复壮、扩繁和展示示范。在晋南边山丘陵区建设种子种苗繁育基地，保证中药材种源纯正、品质优良，提升优良种子（苗）的供应能力。

4. 建设远志标准化种植基地

制定道地药材种子种苗质量、生产技术和产地加工等标准，健全远志等品种的标准体系。依托龙头企业、合作社等新型经营主体，构建“龙头企业＋合作社（种植大户）＋基地”的生产经营模式，带动农民按标生产，规范管理，推进道地药材全程标准化生产。按照统一规划、合理布局、集中连片的原则，加强基础设施建设，配套水肥一体设施，建成能排能灌、土质良好、通行便利、抗灾能力较强的高标准道地药材生产基地。现阶段应通过评选“三无一全”（即：无硫加工、无黄曲霉毒素污染、无公害和全过程可追溯）品牌基地，树立行业标杆，引领中药材产业健康发展。

5. 加强绿色、优质远志栽培技术体系的研究

发展远志的人工种植，用栽培远志来取代野生远志是实现远志资源可持续利用最根本的有效措施。但是，目前栽培远志的劳动投入大、农残超标等问题严重影响着其取代野生远志的进程。国家和地方政府应加强对远志栽培研究的支持力度，从播种方法、需肥特性、病虫害防治、田间管理等多个方面入手，建立一套完善的绿色、优质远志栽培技术体系，使远志种植成为一种地方特色产业，既能振兴地方经济，又能实现远志资源的可持续利用。

6. 产学研结合通过育种解决远志生产问题

（1）加强远志资源收集、鉴定、保存。物种形成与分化是自然界生物多样性的基础。地理隔离导致了基因信息的中断，形成生殖隔离，进而产生新的物种。远志资源包括细叶远志及其同源种属的卵叶远志、瓜子金，其间既存在相邻相生的地域，又有各自的分布区域，可以检测 3 种近缘种的基因，为远志杂交育种、寻找替代资源及道地性研究提供基础。山西省农业科学院经济作物研究所在远志资源征集、保存方面做了大量工作，多年以来，征集远志野生及家种资源 900 余份，建立远志种质资源圃，培育出高产、抗逆性好的新品种——晋远 1 号和晋远 2 号。

（2）加强远志生理基础研究。加强远志产区天气的监测与记录，探明远志病虫害的发病机制。充分考虑病虫害对远志质量的影响，积极防控病虫害。针对不同环境胁迫和栽培条件对远志生长的影响，探寻远志水肥利用规律，通过改变栽培措施对远志提产增效。

（3）按用途指导远志育种。对于中成药的使用，积极选育以高产、

优质、抗逆性好的品种。以提取远志有效成分为目的，积极探索选育有效成分高的优势品种。

7. 实施远志生产质量管理规范

为保证远志品质，应当从种子、种植、采收、加工、保存、销售等产业链各个环节进行标准化、规范化，重视产学研销相结合，针对生产中遇到的关键问题进行科研攻关，不断培育纯化远志高产高抗逆优质品种。抓住远志药材生物学特性，制定中药材种植、种苗标准，建立检测中心，从生产源头把好质量关，达到远志药材“优质、安全、稳定、可控”的目标。

8. 建立综合的远志质量评价体系

针对不同的远志商品规格，制定不同的评价标准。综合经验识别、化学成分检测、中药整体效用评价等建立综合的、可量化的远志质量评价体系。建议以远志筒为原料的中成药，评价标准应在传统生物学特性评价的基础上加入生物学效应整体评价。

（二）产业链中游环节培育

1. 深度开发远志产品

大力开展远志产品精深加工，研发生产功能、休闲、养生、保健等非医药类中高端系列产品，不断拓展产业链。开展远志饮片、饮料、口服液、保健品、功能性食品、洗护用品等延伸产品研发，提升产品附加值。鼓励引导现有中药材加工企业、食品企业、药品企业向功能食品转型或拓展，创新生产加工模式。面向全国搭建功能食品、药食同源产品开发科企对接平台，引进先进技术、设备和人才。

2. 提升产地加工能力

在继承与研究道地药材传统加工技艺的基础上，制定远志等道地药材产地加工技术规范，建设清洁、规范、安全、高效的现代化药材加工基地，综合运用化学、生物、工程、环保、信息等技术，提高药材质量。通过项目支持、技术培训等手段，加强道地大宗远志产地初加工设施、设备等基础设施建设的支持和引导，加快道地药材生产基地产地贮藏设施设备建设，应用低温冷冻干燥、节能干燥、无硫处理、气调贮藏等新技术，提升药材保鲜能力，最大限度地保持药效。

3. 鼓励产地加工与 GMP 实行一体化

近年来，中药材专业市场日渐衰落，而中药材产地市场呈发展趋势。为此，第一，建议国家出台相应的政策，鼓励产地加工与GMP实行一体化，在道地药材主产地建设一批单品种饮片厂和区域饮片厂，改善当前的流通模式，支持大型企业筹建和扶持现有的中药材仓储物流基地，承担中药饮片仓储物流功能，再与中药交易平台对接，把全国各个道地主产地的千余家单品种饮片厂和区域饮片厂的产品，通过基地集中与分流，实现全国统一配送与分流。第二，目前，新绛、平遥已形成山西省主要的远志产地市场，在全国有一定的知名度和影响力，政府要加大扶持力度，规范其生产、经营行为，努力打造成面向华北乃至全国的交易市场，争取市场话语权。

4. 加强对远志黄曲霉毒素含量的控制

从远志生产源头、加工、储存环节有效控制，有条件的产区可以做到远志现采现加工或者将采收的远志及时放入冷库保存，药农可以对采收的远志进行自然晾晒、烘干，可有效防止黄曲霉毒素的产生，保证远志药材质量。

（三）产业链下游环节培育

1. 建立中药材流通追溯体系

中药材产业链运营全过程存在的主要问题就是缺乏准入标准和严格监管，散户药材从来源、晾晒、包装到存储、运输均没有相应的规范。因此，建立药材来源可追溯、药材去向可查证、相关责任可追究的中药材全过程可追溯体系势在必行。因此，要以远志等主要道地药材为主，加快推进中药材种植龙头企业、中药生产销售企业、医院、药店等经营主体，制定出台中药材流通追溯制度或有关规定，建立消费者可实时查询的覆盖全产业链条各主要环节的中药材流通追溯体系。随着现代信息技术和物联网技术的日臻完善和提高，通过创建中药材产品包装带有的电子标签或者二维码，对中药材来源、生产加工和市场流通等产业链相关环节的有关信息进行查询，形成倒逼机制，进而有力保障中药材的质量安全，推进中药材流通追溯体系试点建设。

2. 加强品牌建设，提高产业发展精准度

深入挖掘山西省道地中药材资源优势，抓好中药材大品种的发展，加快确立一批区域品种、逐步培育一批区域品牌，不断提高产业发展的精准度。要加大资金扶持力度，设立专项资金加强品牌建设，打造一批像“广誉远”在全国叫得响的山西优势品牌。加大远志、连翘、黄芪、党参等道地中药材的宣传力度，打造一批中药材区域公共品牌，不断提高山西省中药材的市场知名度和占有率。此外，要积极申报国家地理标志保护产品、无公害产品认证和有机产品认证，提高市场竞争力。

3. 建设中药材产销信息监测体系

依托现有农业技术推广服务体系和科研服务体系及山西省中药原料质量监测技术服务中心，构建中药材产销信息监测网络，联通产地市场、区域市场和全国批发市场，面向社会开展中药材质量监测、信息、技术等公共服务，适时发布信息，引导合理安排生产，促进产销衔接。

4. 发展中药材电子商务

建设具备综合交易、仓储物流、电子商务期货交易等功能的中药材电子商务中心，充分发挥已形成的振东平顺、九州天润陵川等中药材仓储物流基地的调节作用，协调推动中药材流通体系标准化、一体化发展。鼓励中小微中药材经营企业进入电子商务市场网络体系，利用第三方平台开展商品销售、广告宣传、售后服务等业务，实现在线交易、在线支付及物流配送的集成应用。打造一批以网络交易为核心、网络销售与实体经济协同发展的中药材专业合作社。

5. 创新产业链运营模式

从运营模式看，批发市场模式、合作社模式、第三方物流模式和公司模式是当前中药材产业链运营的主要模式。批发市场模式在运行过程中虽然存在因信息不对称而造成的“卖难买贵”现象，但作为传统的运营模式，其存续时间较久，交易形式简单，是目前山西省中药材产业链最主要的运营模式；公司模式作为中药材产业发展的主流模式，在有效缓解了药农“卖难”困境的同时，为其提供了技术支持，但其松散的组织化程度亟待进一步提升。以合作社模式和第三方物流模式为代表的新型运营模式的出现，不仅提高了中药材产业链的运营效率，为各参与主体带来了极大便利，而且还降低了药农承担的成本和风险，但这两种模式仍处于起步阶段，未来的推广和普及还需更多时间。随着物联网的发展，中药材经营今后将由产地—市场—终端模式向产地—终端模式转变，B2C、C2B 和 O2O 等新型商业模式将会出现，市场交易环节将会逐渐萎缩，交易份额将锐减，中间商将会被中药材电商取代。因此，应引导原有药材商转型，组建企业或者加入职业经理人、专业中介队伍，鼓励职业化专业化发展。推动传统中药材经营向虚拟化、国际化交易模式转变，引入智能化的物流管理系统，不断提高物流配送的运营效率，创新交易流通模式，引入质量流通追溯体系、电子商务、标准化仓储质单等新技术，建立期货交易和跨境电子商务平台，形成中医药大商贸物流体系。

6.“疏堵”结合，加强中药材质量监管

发挥工商、税务、食品药品检验、技术监督等部门的监管作用。针对中药材生产中存在的问题，要“疏”和“堵”相结合，一方面要加强宣传教育和科学研究，强化对种植环节农药、杀虫剂的使用指导，有效降低农药重金属的残留，引导中药材种植、加工和贮藏的科学化和规范化；另一方面要加强监管和惩处，加强对中药材种植过程中农药重金属残留的检测力度，倒逼种植环节和病虫害防治环节创新防治技术，降低农药、杀虫剂使用量，向绿色、有机种植发展。同时要严厉打击掺杂使假、染色增重等不法行为，加大造假者的违法成本，保障规范生产经营者的利益。同时要建立市场质检准入制度，对经检测发现有高残留的中草药采取就地销毁，从源头上严把产品质量关。

7. 完善监管体制，防止资本投机行为造成“信息不对称”

随着中药材生产成本的增加和人工、设备更新费用的提高，中药材价格波动明显，在中药材产业链运行的中后段出现的人为抬高药价、囤积居奇等行为容易造成“信息不对称”的错误市场信号。因此，各级中医药管理部门、物价管理部门应进一步完善建立重点药材品种的市场运行信息监测、预警体系，把握中药价格信息，对非正常的价格波动给予及时的行政干预，并严厉打击人为抬高药价、囤积居奇等行为。尽快建立并不断完善中药材收储制度，实现国家对大宗中药材品种的收储管理。

二、产业链的价值维度培育

（一）供需链

山西省远志产业供需链的流程是通过远志的种植、采摘、生产、配送、物流、销售、售后服务等活动职能来满足产业链网内不同环节的多元需求。因此为了加强山西省远志产业链的培育就必须进行业务流程的重组优化，加强内部和外部的整合，形成规模优势，共同抗御风险。同时还要基于系统数据整合、服务技术整合以及物流技术整合等供需数据平台的建设。在这方面安国的中药数据共享中心的模式值得借鉴，将远志电子交易、远志第三方检测、产品溯源和现代物流进行融合贯通，打造远志产业链一体化标准体系。

（二）技术链

为了加快山西省远志产业的发展，产业链价值维度的技术链培育是重中之重。首先，应加强各个技术节点的技术能力开发，在远志有效成分分析的标准化建设上建立高效液相图谱，制定远志的中药标准化成分分析，对远志食品的天然功能因子的化学结构和组成的研究、对远志的分离和纯化技术的研究等抢占技术制高点。其次，对于产业链的各个主体要进行协同合作，根据不同的技术特点和优势培育协同的技术创新网络和创新信息平台。保障技术价值链流转顺畅是解决山西省远志产业链低效运行的关键，山西省远志产业链因为各链条主体发展严重失衡，而导致整条链锁产能不强，优势难以发挥。只有协同合作，高瞻远瞩地疏通技术链各链节之间的僵固点，才能激活整条产业链。

（三）空间链

山西省远志产业空间链培育应着力于省域内远志产业链的主体企业在区内联动，在政府主管部门的统筹安排下，协商区域内主体企业的有效扩张、产品的深度研发以及风险共担机制，充分链接远志产业链内的孤环、短链、断链或延伸现有的产业链，构建山西省远志完整的有竞争力的产业链。同时也要根据自身利益的增长和区域产业结构的调整加强区际联动发展，共同推动山西省远志产业空间链培育格局。

三、产业链发展的支撑体系

为加快山西省远志产业链的构建，加速远志产业链在结构属性维度和价值属性维度的培育工作，增强远志产业结构链和价值链的契合度，优化远志产业链的利益分配机制，提升山西省远志产业的竞争能力，建议山西省政府还需要在以下几个方面提供支持。

（一）优惠扶持政策支持

山西省政府应进一步加大对中医药的支持力度。为远志的种植和生产加工以及销售企业提供税收减免政策、财政贴息政策、资源价格优惠政策等，以减低企业的生产运营成本，增加企业用于科研创新的资金投入比例，实现远志产业的良性发展。对从事规范化种植达一定规模的种植加工企业给予土地、税收优惠，对带动作用明显的加工龙头企业给予奖励。对从事一定规模的药农给予补贴，开展中药材种植（养殖）业政策性农业保险试点。加大山西中药材转型升级资金扶持力度，各级政府设立专项配套资金，从而带动企业投资、药农投劳投土地。

（二）健全金融支持体系

山西省政府应该鼓励商业银行、保险公司等正规金融保险服务机构为域内远志的种植和生产企业提供多元化、多层次的信贷产品和保险业务，同时建立有效的企业价值评估体系，简化信贷审批流程，为山西省远志企业提供足够的资金支持，促进其在技术创新、产品研发以及规模化发展等方面加大作为，同时降低远志种植户的经济损失。

（三）构建“产学研”一体化平台

山西省政府应鼓励山西大学、山西农业大学、山西中医药大学、山西省中医研究院、山西省农业科学研究院经济作物研究所、山西省医药与生命科学研究院等省内高校、科研院所与远志生产加工企业（如山西振东健康产业集团有限公司、山西亚宝药业集团股份有限公司、山西国新晋药集团有限公司等）构建“产学研”一体化平台，围绕制约远志产业发展的实际问题进行联合攻关、产品研发、技术创新方面的协同合作，以实现顺畅的信息共享和技术转化，为山西省远志产业链的培育奠定技术基础。

（四）加强组织协调，推动产业发展

要发挥山西省中药材产业发展领导小组的作用，定期召开联席会议，形成推进山西中药材产业发展的组织协调机制，及时协调解决产业发展中的重大问题，协调各有关部门和各市、重点县及相关企业共同加快推进中药材全产业链发展。要吸收省内外相关专家成立山西中药产业发展专家顾问组，为做大做强该产业提供决策咨询服务。努力搭建支持远志产业发展的集中介服务、信息服务、培训服务以及电子商务为一体的中介支持服务系统，注重发挥山西省中药材行业协会的作用，找到山西省远志产业发展的问题和潜力，整合资源，为远志产业链的培育提供良性的技术中介服务。建议在条件成熟时成立山西省中药材产业联盟，切实推动中药材产业全面健康发展。

（五）支持龙头企业精深加工

山西省远志深加工企业整体上数量少、规模小、加工能力低，对药农带动能力不强，远志的价值、产值与山西省远志主产区的地位不太吻合，其深加工与增值效是山西省由资源大省向产业大省转变的短板。因此，政府要大力支持远志、党参、黄芪等道地中药材饮片生产，引导中药饮片企业向规模化、精深化、差异化、高档化、品牌化发展，壮大提升传统饮片。培育中药龙头企业，支持中药企业与中医药医疗、教育、科研机构合作，开展医疗机构院内制剂二次开发、中药新药研发以及中药饮片炮制加工、中药提取纯化、生产过程控制等关键技术的研究应用，提高产品科技含量，全面提升其加工转化能力和产品市场竞争力。

（六）整合优化现有中药资源，促进中药产业转型升级

我国中药产业发展过程中已充分暴露出中小企业在新药开发和科技创新上的能力短板，因此，应当及时出台企业并购重组鼓励政策，积极引导中小企业向“专、精、特、新”的方向转型，优化整合现有中药产业企业规模、资金、设备、人才等资源。政府应在当地经济水平允许的范围内，进一步放开投融资政策，引导社会资本进入中药产业进行投资，鼓励具有实力的中药企业在新三板、中小板上市融资，从而改变现有融资难、设备人才引进难的困境，逐渐形成大企业引导行业发展方向，中小企业积极承担行业辅助角色的产业格局。同时，应当鼓励已形成的国内知名中药相关企业转变固有发展观念，加大药品科研投入资金，提升药品药效和安全性，对于科研投入占年度总营收比重高的企业予以相应的政策鼓励和支持。通过大企业为中药产业提供动力源泉，把握产业发展进度，中小企业完善中药产业链供给，填补产业链服务功能空白的方式，进一步推动中药产业结构改革和提升。

（七）加强中药人才的培养

人才是经济发展的重要推动力量。随着中医药国际化发展，中药农业人才的紧缺问题日益凸显。由于中药农业岗位艰苦、薪酬不高，大批中药相关专业毕业生不愿进入中药农业生产一线，造成了目前中药农业专业人才的匮乏。山西省应重视中药农业人才的培养工作，第一，加大人才的培养和引进力度，认真贯彻落实中央、省、市制定出台的留住和引进人才的优惠政策，通过政策资金鼓励中药相关专业毕业生投入中药农业生产一线，吸引海外优秀人才来晋创办企业、申请和承担政府科技计划、基金项目和产业化项目。建立晋药人才资源信息库，完善人才评价机制，建立向关键岗位和优秀人才倾斜的收入分配机制，落实技术参

股、入股等产权激励政策。第二，充分发挥现有中医药教育机构的基础作用，针对当前中药产业急需的专业人才和技术，通过院校专业结构调整、校企合作培养、共建校外实习基地等方式，加强职业学历教育和短期职业技能培训，为中药产业发展培养实用型专业人才。第三，采用“现代学徒制”的人才培养模式，培养出“量大、质优”的高素质中药农业专业人才，为中药产业的健康发展提供智力支持。第四，采取“请进来”和“派出去”的方法，在吸引人才的同时从在职技术人员中选拔一批骨干，送到省内外大专院校进修，并聘请各方面的技术专家来山西省进行技术指导。

附录一

远志种子
（DB14/T 1600—2018）

前言

本标准按照 GB/T 1.1—2009 给出的规则起草。

本标准由山西省农业科学院提出并归口。

本标准起草单位：山西省农业科学院经济作物研究所。

本标准主要起草人：田洪岭、郭淑红、王耀琴、刘佳、李晓霞、马宏斌、郝耀鹏、张丽君、许陶瑜、吴昌娟、裴帅帅、王秋宝、路进锋。

1 范围

本标准规定了远志种子的术语和定义、质量要求、包装、运输、储藏、结果报告。

本标准适用于远志种子的生产、经营。

2 规范性引用文件

下列文件对于本文件的应用是必不可少的。凡是注日期的引用文件，仅注日期的版本适用于本文件。

凡是不注日期的引用文件，其最新版本（包括所有的修改单）适用于本文件。

GB 20464—2006 农作物种子标签通则；

GB/T 3543.2—1995 农作物种子检验规程扦样；

GB/T 3543.3—1995 农作物种子检验规程净度分析；

GB/T 3543.4—1995 农作物种子检验规程发芽试验；

GB/T 3543.5—1995 农作物种子检验规程真实性和品种纯度鉴定；

GB/T 3543.6—1995 农作物种子检验规程水分测定；

GB/T 7414—1987 主要农作物种子包装；

国际种子检验规程；

国际种子检验协会。

3　术语和定义

下列术语和定义适用于本文件。

3.1　远志种子

远志种子是远志科植物细叶远志（*Polygala tenuifolia* Willd.）或卵叶远志（*Polygala sibirica* L.）的成熟种子。

3.2　种子用价

真正有利用价值的种子所占的百分比，也叫种子利用率。计算公式为：

种子用价（%）＝净度×发芽率

4　质量要求

4.1　外观形态

种子长倒卵形，表面黑灰色，密被灰白色柔绢毛，外形完整、饱满。

4.2　检疫要求

种子中不应有检疫性植物种子。

4.3　质量标准

远志种子质量见表 F1.1。

表 F1.1　远志种子质量标准

中文名	学名	净度/% ≥	发芽率/% ≥	种子用价/% ≥	发芽势/% ≥	千粒重/g ≥	水分/% ≤
远志	*Polygala tenuifolia* Willd.	90.0	70	63.0	68.0	2.7	8.0

5　检验方法

5.1　外观检验

根据质量要求目测种子的外形、色泽、饱满度。

5.2　扦样

按 GB/T 3543.2 执行。

5.3　真实性鉴定

采用种子外观形态法，通过对种子形态、大小、表面特征和种子颜色进行鉴定，并与标准图对照。

标准图鉴别依据如下：

种子长倒卵形，一头钝圆一头稍尖，长为 2.90～3.00 mm，宽为 1.85～1.95 mm，种皮黑灰色，表面密被灰白色柔绢毛，先端有黄白色种阜。

5.4　净度分析

按照 GB/T 3543.3 要求执行。

5.5　发芽实验

发芽试验步骤如下：

a）取净种子 100 粒，3 次重复；

b）用自来水冲洗 10 min，再用蒸馏水浸泡 2 h；

c）将种子均匀排放在玻璃培养皿（直径＝12.5 cm）的双层滤纸上，置于培养箱，于 25 ℃，黑暗条件下培养；

d）记录从培养开始至第 15 d 的各重复远志种子发芽数，鉴别正常幼苗与不正常幼苗，计数并计算发芽率（%）(精确到小数点后 1 位)。

5.6　水分测定

按照 GB/T 3543.6 要求执行。

5.7　重量测定

按照 GB/T 3543.7 要求执行。

6　检验规则

6.1　组批

同一地点、同一时段收集的同一批远志种子为同一批次。

6.2　抽样

送检样品 250 g，净度分析 5 g。每批次抽三份样品。

6.3　交收检验

每批种子交收前，种子质量由供需双方共同委托种子质量检验部门或获得该部门授权的其他单位检验，并由该部门签发远志种子质量检验证书。

6.4　判定规则

按照 4.3 的质量标准进行评判。

6.5　复检

种子送相关机构进行专业检测，净度、发芽率、发芽势、千粒重应不低于规定指标，净度和发芽率有一项不达标，先计算种子用价，用种子用价取代净度与发芽率。水分应低于或等于规定指标。符合规定指标为合格种子，其中一项达不到指标的为不合格种子。

7 包装、标识、运输和储藏

远志种子包装、标识、运输和储藏按照GB/T 7414执行。

8 结果报告

检验项目结束后，检验结果应按本标准4～5中的规定填报种子检验结果报告单，见附录A。如果某些项目没有测定而结果报告单上是空白的，应在这些空格内填上“未检验”字样。

附录A
（规范性附录）
药用种子检验结果报告单

药用种子检验结果报告单见表F1.A.1。

表F1.A.1 药用种子检验结果报告单

<table>
<tr><td>送检单位</td><td colspan="3"></td><td colspan="2">产地</td><td colspan="2"></td></tr>
<tr><td>药用植物名称</td><td colspan="3"></td><td colspan="2">种子批重量</td><td colspan="2"></td></tr>
<tr><td>品种名称</td><td colspan="7"></td></tr>
<tr><td rowspan="3">净度分析</td><td colspan="3">净种子(%)</td><td colspan="2">其他植物种子
(粒/kg)</td><td colspan="2">杂质(%)</td></tr>
<tr><td colspan="3"></td><td colspan="2"></td><td colspan="2"></td></tr>
<tr><td colspan="7">其他植物种子种类：
杂质种类：</td></tr>
<tr><td rowspan="3">发芽实验</td><td>正常幼苗
(%)</td><td>硬实种子
(%)</td><td colspan="2">新鲜不发芽
种子(%)</td><td colspan="2">不正常幼苗
(%)</td><td>死种子
(%)</td></tr>
<tr><td></td><td></td><td colspan="2"></td><td colspan="2"></td><td></td></tr>
<tr><td colspan="7">发芽床：____；湿度：____；发芽前处理：____；持续时间：____</td></tr>
</table>

续表

送检单位		产地	
真实性/纯度	实验方法：____；品种纯度：____ % 本品种纯度：____ %；异品种纯度：____ %		
水分含量	水分： %		
其他测定项目	生活力：____；千粒重：____；健康状况：____		

检验单位(盖章)：检验员(技术负责人)：复核员：

填报日期： 年 月 日

附录二

远志生产技术规程
(DB14/T 1122—2015)

前言

本标准按照 GB/T 1.1—2009 给出的规则起草。

本标准由山西省农业科学院提出并归口。

本标准起草单位：山西省农业科学院经济作物研究所、山西创世植物研究院。

本标准主要起草人：田洪岭、王耀琴、许陶瑜、李晓霞、马宏斌、郭淑红、任果香、赵云生、程永钢、张宏斌、曹旭、郝耀鹏、吴昌娟。

1 范围

本标准规定了远志生产的术语和定义、产地环境、播前准备、播种、田间管理、病虫害防治、采收和初加工、生产档案等内容。

本标准适用于远志生产。

2 规范性引用文件

下列文件对于本文件的应用是必不可少的。凡是注日期的引用文件，仅注日期的版本适用于本文件。凡是不注日期的引用文件，其最新版本（包括所有的修改单）适用于本文件。

GB 3095—2012 大气环境质量标准；

GB/T 3543.1—1995 农作物种子检验规程　第 1 部分：总则；

GB 4285—1989 农药安全使用标准；

GB 5084—2005 农田灌溉水质量标准；

GB/T 8321.9—2009 农药合理使用准则（九）；

GB 156185—1995 土壤环境质量标准；

NY 525—2012 有机肥料行业标准；

《中华人民共和国种子管理条例》；

《中华人民共和国药典》；

《中药材生产质量管理规范》。

3 术语和定义

下列术语和定义适用于本文件。

3.1 远志

远志是远志科植物远志（*Polygala tenuifolia Willd.*）或卵叶远志（*Polygala sibirica L.*）的干燥根，多年生草本，主根粗壮，韧皮部肉质。具有安神益智、祛痰、消肿的功能。

3.2 远志筒

远志抽取木心后的空心筒，色淡黄，浅棕色或灰黄，整齐，皮细，货干，无霉残无土末。皮粗破裂、不通者均不合格，水分不超过12%。

3.3 远志肉

远志破碎断裂的肉质根皮，色淡黄，棕黄色或灰黄，身软，皮细，无芦头，无枝梗。

3.4 远志棍

远志未抽木心的根、支根或细根，色淡黄或黄色。

4 产地环境

选择不受污染源影响或污染物含量限制在允许范围之内，生态环境良好的农业生产区域。产地空气符合 GB 3095—2012 规定的二级标准，土壤符合 GB 15618—1995 规定的二级标准，灌溉水符合 GB 5084—2005 的规定。

5 播前准备

5.1 选地与整地

选地势高、排水好、向阳的疏松肥沃的沙壤土种植，黏土和低湿地不宜种植，深耕 30 cm 以上，播前将地整平耙细，做 2 m×5 m 畦面。

5.2 底肥

播种前施足底肥，每亩施腐熟农家肥 2000～3000 kg。

5.3 种子选择

以《中华人民共和国药典》收录的远志科植物远志（*Polygala tenuifolia Willd.*）或卵叶远志（*Polygala sibirica L.*）为物种来源，

远志种子选择籽粒饱满、贮存年份≤3 年、千粒重≥2.6 g、发芽率≥80%、净度≥95%的优良种，为防治根腐病播前可用种子重量 10%的木霉制剂拌种。

6 播种

6.1 播种时间

选择 6～8 月播种，田间持水量在 15.5%～18.5%范围内。

6.2 播种方法

在整好畦面上，按行距 20～30 cm 用宽幅条播机播种，播幅 20 cm，播深 1.0 cm～1.5 cm，播后轻镇压，每 667 m^2 播种 3～4 kg。

7 田间管理

7.1 中耕除草

DB14/T 1122—2015 远志出苗后要经常拔草，防止杂草掩没幼苗，生长 3 个月后，远志抗性增强，可进行中耕除草，避免草荒。

7.2 追肥

生长第 2 年和第 3 年的 4—5 月远志返青期每亩追施尿素 25～30 kg，过磷酸钙 10～15 kg。7 月远志盛花期喷施 1%硫酸钾溶液 50～60 kg 或磷酸二氢钾 80～100 kg，每 10 d 喷 1 次，连续喷施 2～3 次。

7.3 灌溉

远志可在盛花期或终花期灌溉，7 月盛花期为佳。

8 病虫害防治

8.1 防治原则

贯彻“预防为主，提早治理”的植保方针，通过培育壮苗、加强栽培管理、科学施肥等栽培措施，综合采用农业防治、物理防治、药剂防治，将危害控制在允许范围以内。农药安全使用间隔期遵守 GB/T 8321.9，没有标明农药安全间隔期的农药品种，收获前 30 d 前停止使用，农药的混剂执行以残留性最大的有效成分的安全间隔期为准。

8.2 根腐病防治

8.2.1 农业防治

将远志与禾本科作物轮作，同时合理施肥，增施磷钾肥，提高作物抗病性。

8.2.2　药剂防治

发病中可加强田间管理，及早拔除病株，烧毁，病穴用10%石灰水消毒，也可用50%退菌特800倍液喷灌根部，每7 d喷1次，连续喷3次以上。

8.3　蚜虫防治

无翅蚜发生初期，可用0.3%苦参碱乳剂800～1000倍液喷雾防治；发现蚜虫，每亩喷施0.4%苦参碱400倍液1.5 L，连喷两次以上，相隔7～8 d。有翅蚜时期亦可用黄板诱杀蚜虫，挂在田间，每亩挂30块。

8.4　豆芫菁防治

秋季深翻土地，杀伤越冬害虫。发病时每亩喷粉2.5%敌百虫粉剂2 kg或每亩喷施90%晶体敌百虫1000倍液75 kg。

9　采收和初加工

9.1　种子采收

6月上旬至8月中旬为远志花期，种子随熟随落，在盛花期后的7月上旬分批采收，20～25 d收获1次，可连续收获2～3次，收回种子后去掉泥土与杂质，晾晒，装袋保存。

9.2　药材采收及初加工

远志种植2.5年后即可采收，采收期为秋末地上枯萎后或春季远志返青前，挖取根部，除去残茎及泥土、杂质，将较粗远志微晒，待根在手指缠绕不断时，抽去木心，剩余韧皮部即为“远志筒”，较细的根用木棒捶裂，除去木心，称“远志肉”，最细小的根不去木心，称“远志棍”，将加工后的远志晒干，保存于干燥通风处。

10　生产档案

详细记录远志播前准备、播种方法、田间管理、病虫害防治和收获等环节采取的主要措施，并建立生产档案。

附录 A
（资料性附录）
远志生长期阶段性描述

远志生长期阶段性描述见表 F2. A. 1。

表 F2. A. 1 远志生长期阶段性描述

生长期	出苗期	枯萎期	返青期	盛花期	终花期
时间	7 月至 9 月上旬	11 月中旬至 3 月上旬	3 月下旬至 4 月上旬	6 月下旬至 7 月下旬	8 月

附录 B
（资料性附录）
远志常见病虫害及发生条件

远志常见病虫害及发生条件见表 F2. B. 1。

表 F2. B. 1 远志常见病虫害及发生条件

病虫害名称	病原、害虫种类	传播途径	有利发生条件
根腐病	真菌：半知菌亚门，镰刀菌属	土壤、种子、病残体	低温、多湿低洼地
蚜虫	同翅目，蚜科	有翅蚜迁移	18 ～ 25 ℃，一定湿度
豆芫菁	鞘翅目，芫菁科	成虫迁移	干旱

附录三

远志鉴别方法

【鉴定中药材名】远志

【药材来源鉴定】本品为远志科植物远志 *Polygala tenuifolia Willd*. 或卵叶远志 *Polygala sibirica L*. 的干燥根。李时珍释其名曰：“此草服之能益智强志，故有远志之称。”

【药材历史考证】远志的始载本草为《神农本草经》。《本草经集注》云：“用之打去心，取皮。今用一斤，正得三两皮尔。”《雷公炮炙论》曰：“远志，凡使，先须去心，若不去心，服之令人闷。”由此可见远志主要用根皮。《本草图经》曰：“今河、陕、京西州郡亦有之。根黄色，形如蒿根。苗名小草，似麻黄而青……泗州出者花红，根、叶俱大于它处。”并附有“解州远志”“齐州远志”和“威胜军远志”图。根据以上本草图文考证，与现今药用远志相符。其中《本草图经》所述的“泗州出者花红，根、叶俱大于它处”品种，可能就是卵叶远志 *Polygala sibirlea L*.。

【植物形态鉴定】

1. 远志：多年生草本，高 20～40 cm。根圆柱形，弯曲，颇长，表面褐色，有皱纹。茎丛生，直立或斜生，近无毛。叶互生；叶片线形，长 1～3 cm，宽 0.5～3.0 mm，先端尖，基部渐狭成短柄，全缘。总状花序有稀疏的花；花绿白色而带紫色；萼片 5，外轮 3 片小，内轮 2 片花瓣状；花瓣 3，下部合生，中央花瓣较大，呈龙骨状，顶端有流苏状附属物；雄蕊 8，花丝基部合生成鞘；雌蕊 1，子房上位，柱头 2 裂，不等长。蒴果卵圆形而扁，翅宽 1 mm 以上。种子卵形，扁平，黑色，密被白色细绒毛。花期 4～7 月，果期 7～9 月。

2. 卵叶远志与远志主要区别特征：茎表面密被灰褐色细柔毛。叶片椭圆形至长圆状披针形，长 8～20 mm，宽 3～6 mm，蒴果翅狭，宽 1 mm 以下，疏生短睫毛。

【药材性状鉴定】呈圆柱形，略弯曲，长 3～15 cm，直径 3～8 mm。表面灰黄色至灰棕色，有较密并深陷的横皱纹、纵皱纹及裂纹，老根的横皱纹较密且更深陷，略呈结节状。质硬而脆，易折断，断面皮部棕黄色，木部黄白色，皮部易与木部剥离。气微，味苦、微辛，嚼之有刺喉感。

【药材显微鉴定】横切面：木栓细胞10余列。皮层为20余列薄壁细胞，有切向裂隙。韧皮部较宽广，常现径向裂隙。形成层成环。木质部发达，均木化，射线宽1～3列细胞。薄壁细胞大多含脂肪油滴；有的含草酸钙簇晶及方晶。

【药材理化鉴定】取本品粉末约0.5 g，置具塞试管中，加热水10 ml，保温10 min后，强力振摇1 min，产生持续性的泡沫，10 min内不消失。

【商品规格】

1. 志筒

一等：干货。呈筒状，中空。表面浅棕色或灰黄色，全体有较深的横皱纹，皮细肉厚。质脆，易断。断面黄白色。气特殊，味苦微辛。长7 cm，中部直径0.5 cm以上。无木心、无杂质、无虫蛀、无霉变。

二等：与一等区别特征为长5 cm，中部直径0.3 cm以上。

2. 志肉

统货：干货。多为破裂断碎的肉质根皮。表面棕黄色或灰黄色，全体有横皱纹，皮粗细厚薄不等。质脆，易断。断面黄白色。气特殊，味苦微辛。无芦茎、木心、须根、杂质、虫蛀、霉变。

【生境分布】远志野生于向阳带石砾的干山坡、路旁或河岸等处，有栽培；分布于辽宁、吉林、黑龙江、河北、山西、内蒙古、陕西、甘肃、青海、宁夏、河南、江苏、浙江、安徽、江西、山东等省区。卵叶远志生于向阳山坡或平地带石砾或砂质干燥地；分布于辽宁、吉林、黑龙江、河北、山西、内蒙古、陕西、甘肃、青海、宁夏、新疆、河南、山东、四川等省区。

【采集加工】春、秋二季采挖，除去须根及泥沙，晒干。

【饮片炮制】

1. 远志：除去杂质，略洗，润透，切段，干燥。

2. 制远志：取甘草，加适量水煎汤，去渣，加入净远志，用文火煮至汤吸尽后，取出，干燥。每100 kg远志用甘草6 kg。

【性能功用】苦、辛，温。归心经、肾经、肺经。安神益智，祛痰，消肿。用于心肾不交，失眠多梦，健忘惊悸，神志恍惚，咳痰不爽，疮疡肿毒，乳房肿痛。内服：3～9 g，水煎服。或入丸、散服。外用：适量，研末，用醋调敷患处。有溃疡病及肾炎者慎用。

【附注】置通风干燥处贮藏。

附录四

远志种子质量标准

1 范围

本标准规定了远志种子质量要求、种子分级，分等和检验。

本标准适用于远志种子生产者、经营者和使用者。

2 规范性引用文件

下列文件中的条款通过本标准的引用而成为本标准的条款。凡是注明日期的引用文件，其随后所有的修改单（不包括勘误的内容）或修订版均不适用于本标准，然而，鼓励根据本标准达成协议的各方研究是可使用这些文件的最新版本。凡是不注日期的引用文件，其最新版本适用于本标准。

GB/T 3543.1—3543.7 农作物种子检验规程；

《中华人民共和国药典（2015 年版）（一部）》。

3 术语和定义

3.1 净种子

送验者所叙述的种（包括该种的全部植物学变种和栽培品种），其构造凡能明确的鉴别出它们是属于所分析的（已变成菌核、黑穗病孢子团或线虫瘿除外），包括完整的种子单位和大于原来种子 1/2 的破损种子单位都属于净种子。即使是未成熟的、瘦小的、皱缩的、带病的或发过芽的种子单位都应作为净种子。

3.2 其他植物种子

除净种子以外的任何植物种子单位，包括杂草种子和异作物种子。其鉴定原则与净种子相同。

3.3 杂质

除净种子和其他植物种子外的种子单位和所有其他物质和构造。包括：

（1）明显不含真种子的种子单位。

（2）破裂或受损伤的种子单位的碎片为原来大小的一半或不及一半的。

（3）脱下的不育小花、空的颖片、内外稃壳、茎叶、球果、鳞片、果翅、树皮碎片、花、线虫瘿、真菌（如麦角、菌核、黑穗病孢子团）、泥土、砂粒、石砾及其他非种子物质。

3.4　正常幼苗

在良好土壤及适宜水分、温度和光照条件下，具有继续生长发育成为正常植株的幼苗。远志的正常幼苗包括从发芽开始一直到发芽计数时间结束，幼苗都能一直正常生长，并且长出两片展开的，呈叶状的绿色子叶。

3.5　不正常幼苗

生长在良好土壤及适宜水分、温度和光照条件下，不能继续生长发育成为正常植株的幼苗。远志的不正常幼苗是指，虽已萌发，但由于初生感染（病源来自种子本身）引起，使幼苗主要构造发病和腐烂，并妨碍其正常生长者或者由于生理紊乱导致的胚轴未萌发子叶便已枯萎的幼苗。

3.6　发芽计数时间

根据适宜发芽条件下的发芽表现确定初次计数和末次计数时间。在初次计数时，把发育良好的正常幼苗从发芽床中拣出，对可疑的或损伤、畸形或不均衡的幼苗可以留到末次计数。在远志发芽试验中，以达到10%发芽率的天数为初次计数时间，初次计数时间一般在第7 d，远志发芽周期一般为10 d，末次计数时间为第10 d。

3.7　发芽势

种子发芽初期（规定日期内）正常发芽种子数占供试种子数的百分率。种子发芽势高，则表示种子活力强，发芽整齐，出苗一致，增产潜力大。远志种子在发芽的第7 d，发芽率开始迅速增加，所以远志种子发芽势为第7 d正常发芽种子数占供试种子数的百分率。

4　质量分级标准

依据种子净度、水分、千粒重和发芽率将远志种子分级如表F4.1。

表 F4.1 远志种子质量分级标准

级别	发芽率(%)	千粒重(g)	净度(%)	水分(%)
Ⅰ级	≥89	≥3.065	≥90	≤9
Ⅱ级	≥83	≥2.924	≥90	≤9
Ⅲ级	≥75	≥2.900	≥85	≤9

5 检验方法

5.1 扦样

扦样只能由受过扦样训练、具有实践经验的扦样员（检验员）担任。

（1）扦样前准备 扦样前，扦样员应向种子经营、生产、使用单位了解该批种子的堆装混合、贮藏过程中有关种子重量的情况。

（2）扦取初次样品 参照GB/T3543.2－1995规程，远志种子应选取单管扦样器扦样，扦样袋数应根据种子批袋装（容器）的数量确定扦样袋数，表F4.2的扦样袋数应作为最低要求。

表 F4.2 袋装的扦样袋数

种子批的袋数(容器数)	扦取的最低袋数(容器数)
1～5袋	每袋都取样
6～15袋	不少于5袋
16～30袋	每3袋取样1袋
31～50袋	不少于10袋
51～400袋	每5袋取样1袋

（3）配制混合样品 若初次样品基本均匀一致，则可将其合并成混合样品。

（4）送验样品的分取及最小量 送验样品分取用四分法，将混合样品减到规定的数量。若混合样品的大小已符合规定，即可作为送验样品。根据药材种子的生产水平状况，参照与查找95规程中所列124种作物品种中，类似千粒重相近的其他属植物的限量，暂定如下：

远志种子批的最大重量为1000 kg。送验样品总重量100 g。其中净度分析试样 10 g，真实性与品种纯度送验样品 20 g，水分测定送验样品 50 g。

（5）送验样品的包装和发送　供水分测定用的样品应装入防湿容器内；与发芽试验和净度有关的送验样品不应装入密闭防湿容器内，可用布袋或纸袋包装。保留样品（封存样品）要在适宜条件下（低温、低湿、干燥）保存一个生长周期。远志样品包装封缄好后，应尽快送至检验室，不得延误。送验样品发送时必须附有扦样单（证书），并由双方签字。

（6）试验样品的分取检验　机构接到送验样品后，首先将送验样品充分混合，然后用四分法分取供各项测定用的试验样品，其重量必须与规定重量相一致。重复样品须独立分取，在分取第一份试样后，第二份试样或半试样须将在送验样品一分为二的另一部分中分取。扦样后，必须立即填写扦样单（证书），并由双方签字。

5.2　净度分析

5.2.1　试验样品的分取

净度分析的试验样品应按扦样中规定的方法，从送验样品中用四分法分取，试验样品重量应在 1.5～2.5 g。

净度分析可用规定重量的一份进行分析。试样样品须称重，以“g”表示，精确至小数点后 3 位。

5.2.2　试样的鉴定与分离

（1）先用 0.9 mm 的检验筛反复分离种子，大部分试样种子和细小的沙粒、泥土留在筛下，筛上的是一些植物茎、叶、其他植物种子和一些大型沙粒。

（2）将筛下的种子与尘粒的混合物用纸包住，反复揉搓，目的是将尘粒揉细，以便更好地筛掉。然后再把混合物用孔径 0.5～0.9 mm 的筛子反复筛，大部分的试样种子留在筛上，筛下的是一些细小的尘粒。

（3）将各层混合物分别放在相应的器皿里，借助放大镜和镊子在试验台按样品顺序逐粒观察鉴定。将净种子、其他植物种子、杂质分开，并放入相应的器皿内，分别称重。

5.2.3　结果报告

（1）重量增失　将分析后的各种成分重量之和与原始重量比较，核对分析期间物质有无增失。若增失差超过原始重量的5%，则必须重做。

（2）试样分析　所有成分的重量百分率应计算到1位小数。其百分率的分析必须根据分析后的各成分重量总和计算，而不是根据试验样品的原始重量计算。

（3）重复间误差　两份试样各成分实际的差距不得超过GB/T3543.3—1995《农作物种子检验规程 净度分析》中的净度分析中表2中所示的容许差距，若所有成分都在容许范围内，则取其平均值；若超过，则再分析一份试样，若分析后的最高值和最低值差异没有大于容许误差两倍时，则填报三者的平均值。如果其中的一次或几次显然是由于差错造成的，那么该结果须去除。

（4）修约分析　结果应保留1位小数，各种成分的百分率总和必须为100%。小于0.05%的微量成分在计算中除外，如果其和是99.9%或100.1%，从最大值部分增减0.1%。

5.3　发芽试验

5.3.1　数取试验样品

试验样品须是当年采收的新种子，然后从混合均匀的净种子中随机取400粒，每重复100粒，将种子均匀地排在湿润的发芽床上，粒与粒之间要保持一定的距离。

5.3.2　发芽条件

远志种子的最佳发芽条件为20～30 ℃变温（光照8 h时，30 ℃；黑暗16 h，20 ℃）。

5.3.3　幼苗鉴定和观察计数

远志种子的发芽标准为突破种皮的胚轴长度到达种子自身的长度并且开始出现绿色的嫩芽为发芽。在计数过程中，发育良好的正常幼苗应从发芽床中拣出，对可疑的不正常幼苗通常到末次计数，对试验过程中出现的严重腐烂的种子则随时拣出。

5.3.4　发芽管理

在种子发芽期间，发芽床应始终保持湿润，切忌断水，也不能过干。对于纸床可以用喷雾轻轻喷洒水，以保持湿润。温度应保持在所需温度的±2 ℃范围内。如发现霉菌滋生，应及时取出。当发霉种子超过5%时，应调换发芽床，以免霉菌传开。如发现腐烂死亡种子，则应将其除去并记载。

5.3.5 结果报告

试验结果以粒数的百分率表示。当一个试验的4次重复，正常幼苗百分率都在最大允许差距内（GB/T3543.4—1995《农作物种子检验规程》），则其平均数表示发芽百分率。

5.4 水分测定

种子的水分极易受外界环境条件的影响，所以在测定过程中要尽量避免水分的增失，如送检样品必须装在防湿容器中；样品接受后立即测定；测定过程中取样、磨碎和称重操作迅速。水分测定要求在相对湿度40%以下的室内进行。

5.4.1 高温烘干法

（1）用小匙充分搅拌样品，从中取出整粒种子15～20 g，然后再称取4.5～5.0 g的种子，每个样本做两次重复。

（2）先将样品盒预先烘干、冷却、称重，并记下盒号，然后将试样放入预先烘干和称重过的样品盒内，再称重（精确至0.001 g）。将烘箱预热至140 ～145 ℃，打开箱门5～10 min后，烘箱温度须保持130～133 ℃。

（3）5 h后，用坩埚钳或戴上手套盖好盒盖（在箱内加盖），取出后放入干燥器内冷却至室温称重。

（4）取样时勿直接用手触摸种子，而应用勺或铲子。在实验过程中，应防止种子颜色由棕色变成黑棕色或黑色，以防分解水的流失。

5.4.2 结果计算和报告

根据烘后失去的重量计算种子水分百分率，若一个样品的两次测定之间的差距不超过0.2%，其结果可用两次测定值的算术平均数表示。否则，重做两次测定。

远志种子，易干燥，种子水分含量最低的为7.1%，最高的为9.2%，平均含水量8.2%，远低于其他农作物种子一般水分含量（13%～15%）的要求。

5.5 真实性鉴定

5.5.1 种子形态鉴定

种子的形状和颜色在遗传上是相当稳定的性状（但也受成熟期间气候条件和种子本身成熟度的影响），不同品种之间往往存在着显著差异，因此是鉴别植物种和品种的重要依据。

随机从送验样品中数取 400 粒种子，鉴定时须设重复，每个重复不超过 100 粒种子。根据种子的形态特征，必要时可借助扩大镜等进行逐粒观察，必须具有标准样品或有关资料。

远志种子形态：远志种子长倒卵形，长约 3 mm，宽约 2 mm，厚约 2 mm。种皮灰黑色，密被白色绢毛，先端有黄白色种阜，假种皮白色。有胚乳，黄白色，中间有黄色的胚，子叶 2 枚，长圆形，先端钝圆，基部凹入呈心形，下面有一短圆的胚根。

5.5.2　蛋白质电泳鉴定

（1）样品制备　从远志种子中提取全蛋白，并且所提的样品浓度经酶标仪定量后为 7.5 μg/μl，每次上样量为 20 μl。

（2）电泳　电泳方法采取 SDS-PAGE 电泳，所需分离胶浓度为 10%，浓缩胶浓度为 5%。电泳完成后染色，脱色。

（3）真实性　鉴定的结果经过 5 次重现性试验后计算其谱带数和泳动率。并据此分析不同远志品种蛋白质水平上的差异。

5.6　种子重量测定

5.6.1　测定程序

远志种子很小，其重量测定采用了一千粒法。

（1）将净种子混合均匀，从中随机取试样两个重复，每个重复 1000 粒。

（2）将两个重复分别称重（g），称重结果保留 4 位小数。

（3）计算两个重复的平均重量及重复间误差。重复间误差即两份重复的差数与平均数之比，重复间误差不应超过 5%，若超过应再分析第三份重复，直至达到要求，取差距小的两份计算测定结果。

5.6.2　结果计算和报告

远志种子千粒重一般低于 1.0000 g，因此结果应保留 4 位小数。

种子的大小虽然是遗传特性之一，但受生长环境和栽培条件的影响较大。所以千粒重不能作为鉴定品种的依据，千粒重多用来作为衡量种子品质的重要指标之一。

5.7　生活力测定

5.7.1　测定程序

（1）试剂配制　称取四氮唑（TTC）粉剂 1 g 溶于 100 ml 的缓冲液中即成 1.0%的溶液。0.1%浓度溶液可用蒸馏水配制，如 pH 值不在

6.5～7.5范围内，则采用缓冲液来配制。配成的溶液须贮存在黑暗处或棕色瓶里。

磷酸缓冲液的配制方法是，先配好两种母液：

母液Ⅰ：称取9.078 g KH_2PO_4 溶于1000 ml蒸馏水中。

母液Ⅱ：称取9.472 g Na_2HPO_4 或11.876 g $Na_2HPO_4 \cdot 2H_2O$ 溶解于1000 ml的蒸馏水。取母液Ⅰ2份和母液Ⅱ3份混合即成缓冲液。

（2）样品准备　从试验样品中做3个重复，每个重复200粒，为提高染色的均匀度，通常远志种子在染色前要进行预湿和穿孔。

预湿：每份种子在常温下浸泡8～12 h。

穿孔：在解剖镜下用镊子轻轻压住种子，用解剖刀在种子垂直腹缝线纵切去2/5。

（3）染色　将已准备好的种子样品放入染色盘中，加入1%浓度的四氮唑液以完全淹没种子，移置温度在30 ℃的黑暗或弱光下进行6～8 h染色反应。染色已很明显时，倒去四氮唑液，用清水冲洗。

（4）观察鉴定　观察时用镊子将种子胚轻轻挤压出来。

5.7.2　生活力鉴定标准

根据胚和胚乳组织的染色反应来区别组织有无生活力。凡胚的主要构造或有关营养组织全部染成有光泽的鲜红色为有生活力的种子，否则为无生活力种子。符合下列任意一条的列为有生活力种子一类：胚和子叶全部均匀染色；子叶远胚根一端≤1/3不染色，其余部分完全染色；子叶侧边总面积≤1/3不染色，其余部分完全染色。不满足以上条件的为无生活力种子。无生活力的远志种子包括：①胚全部为白色；②只有胚顶端染色，胚轴无色。

5.7.3　结果计算和报告

计算各个重复中有生活力的种子数，用百分率表示。

5.8　种子健康检验

5.8.1　测定程序

（1）种子外部带菌检测　从每份样品中随机选取200粒种子，放入50 ml锥形瓶中，加入20 ml无菌水充分振荡，吸取悬浮液1 ml以2000转/分钟的转速离心10 min，弃去上清液800 μl，再加入800 μl无菌水悬浮，制成孢子悬浮原液。再吸取100 μl悬浮原液，加入900 μl无菌水，即得稀释10倍的孢子悬浮液。再从10倍孢子悬浮液吸取100 μl悬浮原液，加入 900 μl 无菌水，即得稀释 100 倍的孢子悬浮液。吸取其中 100 μl 加入到具 PDA 平板的培养皿中涂匀，相同操作条件下设无菌水空白对照，每处理重复 4 次。放入 25 ℃恒温箱中，于黑暗条件下培养 5 d 后观察菌落生长情况，计算孢子负荷量。

（2）种子内部带菌检测　从每份样品中随机选取 300 粒种子，放入 5%次氯酸钠溶液中浸泡 5 min，然后用无菌水冲洗 4 遍，取 100 粒种子将种子横切，每粒种子弃去一半保留另一半，分别将种子均匀摆放在 PDA 平板上，每个培养皿摆放 20 粒，4 个重复。在 25 ℃恒温培养箱中，于黑暗下培养 5 d 后，观察菌落生长情况。然后统计真菌种类、分离频率和带菌率。

（3）种子带菌鉴定　将分离到的真菌分别进行纯化、镜检和转管保存。根据真菌培养性状和形态特征并参照有关真菌鉴定的工具书进行鉴定。

5.8.2　结果计算和报告

计算孢子负荷量，然后统计真菌种类，分离频率和带菌率，从远志种子健康检验结果来看，种子外表面携带的真菌种类较多，检测出的真菌主要是镰刀菌，而镰刀菌与远志的根腐病有关。

6　结果报告

检验项目结束后，按照结果报告的有关章条规定填报种子检验结果报告单。如果某些项目没有测定而结果报告单上是空白的，应在这些空格内填上“未检验”字样。

附录五

中药远志标准操作规程

魏志华等从远志的适应范围、引用标准、种类特征、产地环境、栽培管理、采收加工、包装储运以及质量检测标准等方面对远志的GAP栽培技术操作规程进行了系统的叙述，提出了达到远志药材“安全、有效、稳定、可控”目标的方法和依据。

1 适应范围

远志是一种适应性很强的中旱生植物，喜凉爽忌高温，耐干旱怕水涝，常见于北方向阳山坡草地、林缘、田埂和路旁。远志分布于东北、华北、西北、华中和四川等地，主产山西、陕西、河南、河北等地，以山西、陕西产量最大，销全国，并出口。从宋代开始认为河南开封为远志道地产区。

2 引用标准

GB 3095—1996 环境空气质量标准；
GB 15618—1995 土壤环境质量执行标准；
GB 5084—1992 农田灌溉水质量标准；
《中华人民共和国种子管理条例》；
《中华人民共和国农作物种子检验规程》；
《中华人民共和国药典（2015 年版）（一部）》；
《药用植物及制剂进出口绿色行业标准》。

3 环境条件

3.1 对环境条件的要求

远志适宜的环境条件为：全年太阳总辐射量 502.42～586.15J/m^2，以 565.22J/m^2 为最佳；栽植地的年平均气温应在 4～6 ℃，能承受－30 ℃的低温，耐 38 ℃的高温，但持续时间过长，地上茎会提前凋萎，甚至影响种子成熟；需要的年降水量为 300～500 mm，适宜土壤为栗钙土、灰色土和草原黄沙土，湿土和低湿地不适于生长。

3.2　环境质量要求

3.2.1　大气环境

要达到国家质量 GB 3095—1996《环境空气质量标准》二级以上，需检测总悬浮微粒、二氧化硫、氮氧化物及氟化物等。

3.2.2　水质

要达到 GB 5084—1992《农田灌溉水质量标准》二级以上，需检测 pH，汞、铅、砷、铬、镉、氟化物及氰化物含量；中药加工用水需达到生活用水标准。除检测以上项目外还要检测细菌总数和大肠菌数等。

3.2.3　土壤

要达到国家环境质量标准 GB 15618－1995《土壤环境质量标准》二级以上，主要检测汞、氟、铅、砷及六六六和滴滴涕等残留量。

4　种类特征

远志药材的植物来源是远志科植物细叶远志或卵叶远志，为多年生草本，高 20～40 cm。根圆柱形，肥厚，淡黄白色，具少数侧根。茎直立或斜上，丛生，纤细，上部多分枝。叶互生，狭线形或线状披针形，长 1～3 cm，宽 1～3 mm，先端渐尖，基部渐窄，全缘；总状花序有稀疏的花；花淡蓝紫色，萼片 5 片，外轮 3 片比较小，内轮 2 片呈花瓣状；花瓣 3，两侧瓣倒卵形，中央花瓣较大，呈龙骨瓣状，背面顶端有撕裂成条的鸡冠状附属物；雄蕊 8，花蕊连合成鞘状并包围雌蕊；蒴果扁平，卵圆形，边有狭翅，绿色，光滑无毛；种子卵形，微扁，棕黑色，密被白色细绒毛：花期 5—7 月，果期 7—9 月。卵叶远志和远志形态很相似，主要区别是卵叶远志的叶呈椭圆形至矩圆形，长 1～2 cm，宽 3～6 mm；果实周围有短毛。

5　种子

5.1　采种

远志属总状花序，6 月中下旬种子开始陆续成熟，每 7～10 d 采收 1 次；也可在畦内行间铺塑料膜，让种子成熟以后自然掉落，再分次集中扫取；或者在 7 月中下旬种子大部分成熟时一次采收，虽较省工，但种子成熟度不一致，质量较差。远志播种 7～10 d 出苗，出苗率 17％～30％。

5.2　种子质量标准

种子为远志科植物细叶远志或卵叶远志的种子。其质量符合《中华人民共和国种子管理条例》。

5.3　病虫害检疫

按照GB/T 3543.1—1995《中华人民共和国农作物种子检验规程》进行检疫。

6　栽培管理

6.1　选地与整地施肥

选地势高燥、向阳、排水良好的沙质壤土地，施足基肥。施充分腐熟的堆肥45000～75000 kg/hm^2，捣细撒匀，耕翻25～30 cm，整平耙细，做成1 m宽的平畦，便于排灌。

6.2　直播或育苗

6.2.1　直播

春播及秋播均可。春播于4月中、下旬，秋播于10月中下旬或11月上旬进行。在整好的畦上，按行距15～20 cm开浅沟条播，将种子均匀地撒于沟内，或按行距20 cm，株距15 cm开穴点播，每穴播种子4～5粒。播后覆细土1.0～1.5 cm，用脚踩一遍，然后捶平、浇透水。播后约半个月开始出苗，秋播的在播种次年春天出苗。播种量12～15 kg/hm^2。

6.2.2　育苗

3月上中旬，在苗床上开浅沟条播，播种后覆土1.0～1.5 cm，脚踩，轻捶后浇水。要保持苗床潮湿，苗床温度在15～20 ℃为宜。播种后约10 d出苗，苗高6 cm左右即可定植。定植后选择阴雨天或16：00以后，按行株距（15～20）cm×（3～6）cm定植。

6.3　田间管理

6.3.1　中耕除草

远志植株矮小细弱，故在生长期要经常中耕除草，以免杂草掩盖远志苗。

6.3.2　排灌

因远志喜干燥，除种子萌发期，幼苗期保持土壤湿润，严重干旱、追肥后适量浇水外，一般不必经常浇水。在雨季要注意排水，以免田间积水烂根。

6.3.3 追肥

在施足基肥的基础上，每年春、冬季及 4～5 月各追肥 1 次，以提高根部产量，追肥以有机肥或磷肥为主，可追饼肥 300～375 kg/hm^2 或过磷酸钙 225～300 kg/hm^2。

6.3.4 培土

等到冬季，远志地上部分枯萎后，将行间土埋在远志上面，以防冻害。

7 采收加工

种植 3～4 年后，在春季出苗前或秋季地上部分枯萎后，挖取根部，除去残茎及泥土、杂质，阴干或晒干。趁鲜时，选择较粗的根，用木棒捶松或用手搓揉，抽去木心，称“远志筒”；较细的根用棒捶裂，除去木心，称“远志肉”；最细小的根不去木心，称“远志棍”。

附录六

中药材商品规格等级远志

1 范围

本部分规定了远志的商品规格等级。

本部分适用于远志药材生产、流通以及使用过程中的商品规格等级评价。

2 规范性引用文件

下列文件对于本部分的应用是必不可少的。凡是注明日期的引用文件，仅所注日期的版本适用于本部分。凡是不注明日期的引用文件，其最新版本（包括所有的修改版本）适用于本部分。

T/CACM1021.1—2016 中药材商品规格等级编制通则。

3 术语和定义

T/CACM1021.1—2016 以及下列术语和定义适用于本部分。

3.1 远志 POLYGALAE RADIX

本品为远志科植物远志 *Polygala tenuifolia* Willd. 的干燥根。春、秋二季采挖，除去须根、泥沙，晒干。

3.2 远志筒 yuanzhitong

春季返青或秋季茎、叶枯萎时，采挖远志根部，除去泥沙，干燥至皮部稍皱，抽去木心（依据传统方法和产地加工实际情况，建议以手揉搓后抽心），呈中空筒状，称为“远志筒”。

3.3 远志肉 yuanzhirou

来源为远志科植物远志 *Polygala tenuifolia* Willd. 的干燥根。将不能抽去木心的远志药材的皮部破开，去除木心，得到破裂、断碎的肉质根皮，称为“远志肉”。

3.4 全远志 quanyuanzhi

未抽去木心的远志药材，称为“全远志”（又称“远志根”“远志条”“远志棍”）。

3.5　抽心率　dopingpercent

远志药材中远志筒、远志肉与药材总质量的比率。

3.6　道地药材远志　daodiherbsyuanzhi

主产自以黄河中游流域为核心地域（以山西的吕梁山脉、中条山脉及周边地区为主）的远志药材。

3.7　1号筛№.1 prescriptionsieve

选用国家标准的R40/3系列药典筛，其中1号筛筛孔内径2000 μm ±+70 μm，目号为10目。

4　规格等级划分

根据加工方式不同，将远志药材分为“远志筒”“远志肉”“全远志”三个规格。在“远志筒”项下，依据药材中部直径大小，结合抽心率高低进行等级划分，应符合表F6.1要求。

表F6.1　规格等级划分

<table>
<tr><th>规格</th><th>等级</th><th>性状相同点</th><th>性状区别点</th><th>直径/mm</th><th>抽心率</th><th>长度/cm</th></tr>
<tr><td rowspan="3">远志筒</td><td>大筒</td><td rowspan="5">表面灰黄色至灰棕色，有较密并深陷的横皱纹、纵皱纹及裂纹，老根的横皱纹较密更深陷，略呈结节状。质硬而脆，易折断，断面皮部棕黄色。气微，味苦、微辛，嚼之有刺喉感</td><td rowspan="3">呈筒状，中空</td><td>≥4</td><td>≥95%</td><td>≥3</td></tr>
<tr><td>中筒</td><td>≥3</td><td>≥90%</td><td>≥3</td></tr>
<tr><td>统货</td><td>≥3</td><td>≥80%</td><td>≥3</td></tr>
<tr><td>远志肉</td><td>统货</td><td>多为破裂断碎的肉质根皮，皮粗细厚薄不等</td><td>1号筛通过率≤15%</td><td>>80%</td><td>不作要求</td></tr>
<tr><td>全远志</td><td>统货</td><td>圆柱状，含有木心，木部黄白色，皮部易与木部剥离</td><td>≥3</td><td>不作要求</td><td>≥3</td></tr>
</table>

注1：2015年版《中华人民共和国药典》规定远志来源于远志科植物远志 *Polygala tenuifolia* Willd. 或卵叶远志 *Polygala sibirica L.* 的干燥根，目前市场上主要以远志 *Polygala tenuifolia* Willd. 的栽培品为主流商品，因此本部分不适用于划分卵叶远志 *Polygala sibirica L.* 的规格等级。因远志的野生品在市场上存量较少，且与栽培品在性状上无明显差别，故本部分同样适用于远志野生品的规格等级划分。

注2：远志筒与2015年版《中华人民共和国药典》规定的药用部位根比较少了木心部分，但市场实际交易商品以筒为主。

5 要求

应符合 T/CACM1021.1－2016 第 7 章规定外，还应符合下列要求：

——无虫蛀；

——无霉变；

——无杂质。

附录七

中华人民共和国药典(2020年版):一部远志

远志

Yuanzhi

POLYGALAE RADIX

本品为远志科植物远志 *Polygala tenuifolia* Willd. 或卵叶远志 *Polygala sibirica L*. 的干燥根。春、秋二季采挖，除去须根和泥沙，晒干或抽取木心晒干。

【性状】本品呈圆柱形，略弯曲，长 2～30 cm，直径 0.2～1.0 cm。表面灰黄色至灰棕色，有较密并深陷的横皱纹、纵皱纹及裂纹，老根的横皱纹较密更深陷，略呈结节状。质硬而脆，易折断，断面皮部棕黄色，木部黄白色，皮部易与木部剥离，抽取木心者中空。气微，味苦、微辛，嚼之有刺喉感。

【鉴别】(1) 本品横切面：木栓细胞 10 余列。栓内层为 20 余列薄壁细胞，有切向裂隙。韧皮部较宽广，常现径向裂隙。形成层成环。有木心者木质部发达，均木化，射线宽 1～3 列细胞。薄壁细胞大多含脂肪油滴；有的含草酸钙簇晶和方晶。

(2) 取本品粉末 0.5 g，加 70％乙醇 5 ml，超声处理 15 分钟，滤过，滤液作为供试品溶液。另取远志对照药材 0.5 g，同法制成对照药材溶液。照薄层色谱法（通则 0502）试验，吸取上述两种溶液各 2 μl，分别点于同一硅胶 G 薄层板上，以乙酸乙酯-冰醋酸-水（55∶13∶13）为展开剂，展开，取出，晾干，置紫外光灯（365 nm）下检视。供试品色谱中，在与对照药材色谱相应的位置上，显相同颜色的荧光斑点。

(3) 取细叶远志皂苷〔含量测定〕项下的供试品溶液 20 μl 和对照品溶液 4 μl，分别点于同一硅胶 G 薄层板上，以三氯甲烷-甲醇-水（6∶3∶0.5）为展开剂，展开，取出，晾干，喷以 10％硫酸乙醇溶液，在 105 ℃加热至斑点显色清晰。供试品色谱中，在与对照品色谱相应的位置上，显相同颜色的斑点。

【检查】水分　不得过 12.0％（通则 0832 第二法）。

总灰分　不得过 6.0％（通则 2302）。

黄曲霉毒素照　真菌毒素测定法（通则2351）测定。

本品每1000 g含黄曲霉毒素B_1不得过5 μg，黄曲霉毒素G_2、黄曲霉毒素G_1、黄曲霉毒素B_2和黄曲霉毒素B_1总量不得过10 μg。

【浸出物】照醇溶性浸出物测定法（通则2201）项下的热浸法测定，用70%乙醇作溶剂，不得少于30.0%。

【含量测定】细叶远志皂苷　照高效液相色谱法（通则0512）测定。

色谱条件与系统适用性试验　以十八烷基硅烷键合硅胶为填充剂；以甲醇—0.05%磷酸溶液（70∶30）为流动相；检测波长为210 nm。理论板数按细叶远志皂苷峰计算应不低于3000。

对照品溶液的制备　取细叶远志皂苷对照品适量，精密称定，加甲醇制成每1 ml含1 mg的溶液，即得。

供试品溶液的制备　取本品粉末（过三号筛）约1 g，精密称定，置具塞锥形瓶中，精密加入70%甲醇50 ml，称定重量，超声处理（功率400W，频率40 kHz）1小时，放冷，再称定重量，用70%甲醇补足减失的重量，摇匀，滤过，精密量取续滤液25 ml，置圆底烧瓶中，蒸干，残渣加10%氢氧化钠溶液50 ml，加热回流2小时，放冷，用盐酸调节pH值为4～5，用水饱和的正丁醇振摇提取3次，每次50 ml，合并正丁醇液，回收溶剂至干，残渣加甲醇适量使溶解，转移至25 ml量瓶中，加甲醇至刻度，摇匀，即得。

测定法　分别精密吸取对照品溶液与供试品溶液各10 μl，注入液相色谱仪，测定，即得。

本品按干燥品计算，含细叶远志皂苷（$C_{36}H_{56}O_{12}$），不得少于2.0%。

远志𠮿酮Ⅲ和3,6′-二芥子酰基蔗糖　照高效液相色谱法（通则0512）测定。

色谱条件与系统适用性试验　以十八烷基硅烷键合硅胶为填充剂；以乙腈—0.05%磷酸溶液（18∶82）为流动相；检测波长为320 nm。理论板数按3,6′-二芥子酰基蔗糖峰计算应不低于3000。

对照品溶液的制备　取远志𠮿酮Ⅲ对照品、3,6′-二芥子酰基蔗糖对照品适量，精密称定，加甲醇制成每1 ml含远志𠮿酮Ⅲ 0.15 mg、含3,6′-二芥子酰基蔗糖0.2 mg的混合溶液，即得。

供试品溶液的制备　取本品粉末（过三号筛）约1 g，精密称定，置具塞锥形瓶中，精密加入70％甲醇25 ml，称定重量，加热回流1.5小时，放冷，再称定重量，用70％甲醇补足减失的重量，摇匀，滤过，取续滤液，即得。

测定法　分别精密吸取对照品溶液与供试品溶液各10 μl，注入液相色谱仪，测定，即得。

本品按干燥品计算，含远志𠮿酮Ⅲ（$C_{25}H_{28}O_{15}$）不得少于0.15％，含3，6′-二芥子酰基蔗糖（$C_{36}H_{46}O_{17}$）不得少于0.50％。

饮片

【炮制】远志　取抽去木心者，除去杂质，略洗，润透，切段，干燥。

【性状】本品呈圆筒形的段。外表皮灰黄色至灰棕色，有横皱纹。切面棕黄色。气微，味苦、微辛，嚼之有刺喉感。

【鉴别】（除横切面外）【检查】【浸出物】【含量测定】同药材。

制远志　取甘草，加适量水煎汤，去渣，加入净远志，用文火煮至汤吸尽，取出，干燥。

每100 kg远志用甘草6 kg。

【性状】本品形如远志段，表面黄棕色。味微甜。

【检查】酸不溶性灰分　不得过3.0％（通则2302）。

【含量测定】同药材，含远志𠮿酮Ⅲ（$C_{25}H_{28}O_{15}$）不得少于0.10％，含3,6′-二芥子酰基蔗糖（$C_{36}H_{46}O_{17}$）不得少于0.30％。含细叶远志皂苷（$C_{36}H_{56}O_{12}$）不得少于2.0％。

【鉴别】（除横切面外）【检查】【浸出物】同药材。

【性味与归经】苦、辛，温。归心、肾、肺经。

【功能与主治】安神益智，交通心肾，祛痰，消肿。用于心肾不交引起的失眠多梦、健忘惊悸、神志恍惚，咳痰不爽，疮疡肿毒，乳房肿痛。

【用法与用量】3～10 g。

【贮藏】置通风干燥处。

附录八

全国道地药材生产基地建设规划(2018—2025年)

引言

中医药是我国传统文化灿烂宝库中的重要组成部分，是中华民族五千年优秀文化历史沉淀的结晶，是现今世界上保留最完整的传统医学体系。当前，中国特色社会主义进入新时代，加快实施健康中国战略，满足人民群众美好生活的需要，必须加快发展中医药等健康服务业。中药材是中医药事业传承和发展的物质基础，道地药材是我国传统优质药材的代表。但道地药材资源无序开发、品种创新不足、质量安全水平不高，影响中医药持续健康发展。加快道地药材基地建设，对促进特色农业发展和农民持续增收、加快发展现代中药产业、实现乡村振兴具有重要意义。

党中央、国务院高度重视中医药发展，明确提出推进中药材规范化种植，全面提升中药产业发展水平。按照《中医药发展战略规划纲要（2016—2030 年）》和《全国农业现代化规划（2016—2020 年）》的要求，农业农村部会同国家药品监督管理局、国家中医药管理局编制了《全国道地药材生产基地建设规划（2018—2025 年）》（以下简称《规划》）。

本《规划》的期限为 2018—2025 年。

一、重要性和紧迫性

道地药材是指经过中医临床长期应用优选出来的，产在特定地域，与其他地区所产同种中药材相比，品质和疗效更好，且质量稳定，具有较高知名度的药材。历史上道地药材多数来源于野生资源，区域特征明显，数量有限。近代特别是改革开放以来，随着技术进步和用药量的增加，人工栽培药材逐步取代野生药材的步伐不断加快，道地药材加快发展。目前，我国常用中药材 600 多种，其中 300 多种已实现人工种养，种植面积达到 220 多万 hm^2，初步形成了四大怀药、浙八味、川药、关药、秦药等一批产品质量好、美誉度高的道地药材优势产区，道地药材种植已成为偏远山区的特色产业和农民收入的重要来源。我国已成为世界上规模最大、品种种类最多、生产体系最完整的中药材生产大国。

道地药材源自特定产区、具有独特药效，需要在特定地域内生产，才能保证其优良的品质。多年来，资源过度开发，一些野生药材资源濒临枯竭。同时，适宜产区种植不规范，非适宜区盲目扩种，造成药效下降、道地性丧失。道地药材是中医药事业发展的基石，加强道地药材资源保护和生产管理，规划引导道地药材生产基地建设，推进标准化、规范化生产，稳步提升中药材质量，对于实施健康中国战略和乡村振兴战略具有十分重要的意义。

（一）发展道地药材是提高人民健康水平的迫切需要

党的十九大提出全面实施健康中国战略。这充分体现了以习近平同志为核心的党中央以人民为中心的发展理念，展现了满足人民群众对健康生活需要的坚定决心。中医药具有“治未病”的主导作用，又有重大疾病治疗的协同作用，更有疾病康复的核心作用，群众认知度高、需求量大。预计未来一个时期，社会对中药材的需求将以每年15%的速度增长。加快发展道地药材，增加优质药材供给，促进中医药产业发展，利于更好地满足人民群众对健康生活的需要。

（二）发展道地药材是促进资源保护和环境友好的迫切需要

道地药材是独特资源、特色产业。近些年，一些地方过度采挖野生优质药材，造成野生资源蕴藏量急剧下降，冬虫夏草、川贝母、红景天等部分野生药材资源濒临枯竭，加强药材资源保护迫在眉睫。同时，甘草、麻黄等一些生态型药材的乱挖滥采，导致草场等植被生态遭到严重破坏。加快发展道地药材种植，保护濒危药材资源，推进野生品种驯化，推广药材抚育技术和仿生栽培，有利于提升道地药材供给能力，保护生态环境，实现永续发展。

（三）发展道地药材是助力农民增收脱贫的迫切需要

全面建成小康社会，时间紧迫、任务艰巨，难点在农村，重点在老少边穷地区。道地药材生产大多分布在贫困山区，是当地的特色产业和农民增收的主导产业，对促进脱贫攻坚至关重要。加快发展道地药材，推进规模化、标准化、集约化种植，提升质量效益，带动农民增收，是确保2020年实现同步进入小康社会的重要举措。

（四）发展道地药材是弘扬中华传统文化的迫切需要

当前，我国改革开放深入推进，“一带一路”倡议加快实施，与世界深度融合，讲好中国故事，弘扬中国文化，才能让世界更好地了解中国。中医药文化作为中华民族优秀传统文化的代表，已传播到世界180多个国家和地区，建设了10个海外中医药中心，中医药已被世界广泛认同和应用推广。道地药材承载着中医药文化的精髓，加快发展道地药材，有助于弘扬中医药传统文化，推动中医药对外交流，搭建起与世界交流的平台，有利于提高我国文化软实力、增强中华文化的影响力。

二、总体要求

（一）总体思路

认真贯彻落实党的十九大精神和习近平新时代中国特色社会主义思想，统筹推进“五位一体”总体布局和“四个全面”战略布局，牢固树立新发展理念，围绕农业供给侧结构性改革这一主线，坚持质量优先、注重品质、确保安全，以中医药与现代农业融合为重点，以提升道地药材供给能力、农民收入增长为目标，发挥资源优势，优化区域布局，创新服务机制，推行标准化引领、基地建设带动、科技创新驱动、产业融合促动，建设一批设施标准、管理规范、特色鲜明的道地药材生产基地，培育一批创新力强、规模大的中药企业集团，创建一批有信誉、有影响的中药知名品牌，努力提升中药材质量效益和产业竞争力，助力健康中国战略和乡村振兴战略实施，为决胜全面建成小康社会，实现中华民族伟大复兴做出贡献。

（二）基本原则

——坚持标准引领、绿色发展。遵循中医药与医疗规律，促进中药材生产与现代农业发展相一致，以中药产品标准为源头，建立健全道地药材生产标准、产品标准、加工标准、贮藏标准。强化尊重自然、顺应自然、保护自然的理念，转变发展方式，综合运用安全投入、物理技术、信息技术、绿色防控等措施，节约资源，保护环境和生物多样性，促进中药材生产与生态协调发展。

——坚持道地特性、优化布局。依据气候资源、立地条件等区域特点，定品种、定产地，建设道地药材生产基地，发挥道地药材的品质特性。规范道地药材生产基地管理，推行道地药材品种、投入品使用、销售情况台账管理制度，加快形成布局合理、特色鲜明、供给有力的道地药材生产格局。

——坚持保护开发、产业融合。强化野生中药材资源保护和抚育，加快野生道地药材的驯化和人工繁育，降低对野生资源的依赖程度。构建中药材品种保护、良种扩繁、生产基地建设体系，保障道地药材有序开发、永续利用。推进道地药材生产、加工和临床应用协调发展，弘扬中医药传统文化，大力发展中医药休闲、康养产业，促进第一、第二、第三产业融合。

——坚持创新驱动、质量优先。把握继承与创新的关系，坚持中医的临床思维，推进中医药理论与实践的发展。加强中药材基础研究，应用基因组学、分子生物学等现代育种技术，加快道地药材育种创新，培育一批抗逆性强、品质优良、质量稳定的道地药材品种，推动建立体现质量第一、效益优先导向的市场定价标准，在创新中形成新特色、新优势。

——坚持政府引导、市场主体。发挥政府的引导作用，加强规划引导，规范市场行为。发挥市场配置资源的决定性作用，培育道地药材市场主体。加强道地药材品牌创建，打造一批品质高、口碑好、影响大的道地药材品牌。适应中医药现代化发展需要，加强数字化建设，科学应用大数据，引导医疗机构、加工企业等社会资本参与道地药材生产基地建设。

（三）发展目标

到 2020 年，建立道地药材标准化生产体系，基本建成道地药材资源保护与监测体系，加快建设覆盖道地药材重点产区的生产基地。到 2025 年，健全道地药材资源保护与监测体系，构建完善的道地药材生产和流通体系，建设涵盖主要道地药材品种的标准化生产基地，全面加强道地药材质量管理，良种覆盖率达到 50%以上，绿色防控实现全覆盖。

三、重点任务

（一）提升道地药材生产科技水平

加强基础研究。深入开展道地药材野生资源保护、优良品种选育、生态种植等基础研究，保障野生资源永续利用和药材的优质生产。推进育种创新。保护利用道地药材种质资源，组织科研单位与企业开展联合攻关，推进特色品种提纯复壮，加快选育一批道地性强、药效明显、质量稳定的新品种。加快建设一批标准高、规模大、质量优的道地药材种子种苗繁育基地，提高道地药材供种供苗能力。加强种子（苗）质量监管，贯彻新修订的《中华人民共和国种子法》，加快制定《中药材种子（苗）管理办法》，将中药材品种列入《农业植物新品种保护名录》，实施品种登记制度，强化品种保护和监管。推进集成创新。促进农机农艺融合，集成组装适宜不同区域、不同品种的道地药材绿色高质高效技术模式，加快推广应用，示范带动更大范围节本增效、提质增效。

专栏 1　道地药材种子种苗繁育体系建设

1. 濒危稀缺道地药材种质资源保护。建设濒危稀缺道地药材生产基地，开展野生资源保护和抚育，加强野生抚育与人工种植驯化技术研究。

2. 道地药材良种繁育。分品种、分区域集成道地药材种子种苗繁育技术规范，开展道地药材提纯复壮、扩大繁育和展示示范，提升优良种子（苗）供应能力。

3. 道地药材品种创新。加大科研联合攻关力度，加快现代生物技术在中药材育种领域的应用，选育一批道地性强、药效明显、质量稳定的新品种。

专栏 2　道地药材标准化生产体系建设

根据中医临床和中药企业提出的药材品质要求，组织专家研究制定中药材种植环节的技术标准。

1. 生态种植技术。在全国道地药材生产基地开展测土配方施肥、有机肥替代化肥行动，减少化肥用量，减轻面源污染。开展物理防治、生物防治等绿色防控技术，减少农药用量，提升药材品质。

2. 机械化生产技术。研发推广适用于各类道地药材生产、采收、加工、病虫害防控的高效实用机具，提升道地药材生产效率。

3. 信息化管理技术。加快人工智能、环境监测控制、物联网等信息化技术在道地药材生产的应用，提升道地药材生产信息化水平。

（二）提升道地药材标准化生产水平

健全标准体系。在梳理现有标准的基础上，按照绿色发展的要求，制定完善道地药材标准框架，建立健全生产技术、产地初加工、质量安全等标准体系。推进按标准生产。依托龙头企业、农民合作社等新型经营主体，构建“龙头企业＋合作社（种植大户）＋基地”的生产经营模式，带动农民按标准生产、规范管理，推进道地药材全程标准化生产。按照统一规划、合理布局、集中连片的原则，加强基础设施建设，配套水肥一体设施，建成能排能灌、土质良好、通行便利、抗灾能力较强的高标准道地药材生产基地。推进优质优价。以道地性和临床疗效为主要评价依据，制定完善道地药材商品规格等级标准，推动建立以优质优价为导向的价格形成机制。创响道地药材品牌。突出道地特色和产品特性，与特色农产品优势区建设规划相衔接，打造一批种植规模化、设施现代化、生产标准化的道地药材特色生产基地，培育一批道地药材品牌。

专栏3　道地药材生产服务体系建设

1. 道地药材经营主体培育。推动专业大户、家庭农场、农民合作社等新型经营主体参与道地药材生产，加快道地药材生产由分散生产向规模化生产转变。

2. 创新生产经营模式。引导构建“龙头企业＋合作社＋基地”“龙头企业＋种植大户＋基地”等生产经营模式，鼓励社会资本参与道地药材生产，支持开展强强联合、共建共享。

3. 道地药材产销信息监测体系。构建道地药材产销信息监测网络，适时发布信息，引导合理安排生产，促进产销衔接。

4. 道地药材流通体系。加强道地药材产品营销，推动产销衔接，大力发展道地药材流通新业态、新模式，构建完善的道地药材流通网络。

5. 道地药材技术推广体系。构建道地药材生产服务网络，加强道地药材生产标准化集成技术的推广应用，促进基地建设健康发展。

（三）提升道地药材产业化水平

加强现代化加工基地建设。鼓励中药企业在产地建设加工基地，加强采收、净选、切制、干燥、分级、保鲜、包装、贮藏等设施建设，配套现代化加工装备，实现清洁化、连续化、自动化、标准化加工。重点开展中药材产地加工，开发中药材功能性食品及保健品，提高产品附加值。推进加工工艺创新。集成道地药材特色采收加工技术模式，制定道地药材产地加工技术规范，重点推广应用低温冷冻干燥、节能干燥、无硫处理、气调贮藏等新技术，加强综合利用，减少药效损失，提高产品档次。大力培育知名品牌。创建地域特色突出、产品特性鲜明的中药材区域公用品牌。鼓励企业通过技术创新和工艺改进，塑造品牌核心价值，创响一批品质好、叫得响、占有率高的道地药材知名品牌。加快构建道地药材流通网络。采取现代化物流、信息化技术、标准化控制等运营方式，大力发展道地药材流通新业态、新模式，构建完善的道地药材流通网络，更好地拓展市场。

专栏 4　道地药材产地加工体系建设

1. 产地加工能力建设。在继承与研究道地药材传统加工技艺的基础上，制定道地药材产地技术规范，建设清洁、规范、安全、高效的现代化药材加工基地，综合运用化学、生物、工程、环保、信息等技术，提高药材质量。

2. 产地贮藏能力建设。加快道地药材生产基地产地贮藏设施设备建设，应用低温冷冻干燥、节能干燥、无硫处理、气调贮藏等新技术，提升药材保鲜能力，最大程度保持药效。

3. 综合利用能力建设。对药材生产过程产生的非药用部位、药材及饮片加工过程产生的下脚料等进行资源化利用，延伸产业链，提高综合收益。

（四）提升道地药材质量安全水平

在加快标准化生产的基础上，突出重点、突破难点，提升道地药材的质量安全水平，确保道地药材产品符合国家相关标准要求。推广绿色生产技术。鼓励按照中药材生产质量管理规范，推广有机肥替代化肥、绿色防控替代化学防治等关键技术，减少化肥、农药用量。推进产地环境改善，用最适宜的土壤生产最优质的道地药材。加快道地药材适用农药登记，支持科研教学单位、农药企业开发道地药材适用农药新品种，优化审批程序，加快登记进程，完善道地药材主要农药限量标准，解决道地药材生产无专用药的问题。加强质量追溯体系建设。建立生产档案记录制度，构建覆盖种养、加工、收购、贮藏、运输、销售等各环节的质量追溯体系，实现来源可查、质量可追、责任可究。加强产品质量检测。配备水分、灰分、浸出物等常规质量检测仪器，对生产基地的产品进行检测，确保不符合质量标准的产品不采收、不销售。

专栏 5　道地药材质量管理体系建设

1. 道地药材标准体系。制定道地药材种子种苗等产品质量标准以及药材商品规格等级标准，完善道地药材田间管理、投入品使用、科学采收、产地加工、包装贮藏等技术体系。

2. 道地药材质量检测体系。围绕道地药材生产基地建设，健全中药材检测机构，提升检测能力，完善检测制度，加大抽样检测力度，鼓励第三方检测机构参与道地药材质量检测。

3. 道地药材可追溯体系。构建道地药材全程质量管理体系，完善投入品管理、档案记录、产品检测、合格证准出等制度，实现全程可追溯，确保产品质量安全。

四、建设布局

以品种为纲、产地为目，定品种、定产地和定标准相结合，优化道地药材生产布局。定品种。通过历代本草考证，参考道地药材相关专著和标准，依据临床使用频次高、用量大的原则，选定一批重点道地药材。定重点县。综合考虑资源禀赋、生态条件和产业基础等因素，并根据第三次、第四次全国中药资源普查结果，确定道地药材生产重点县（市、区）（具体名单依据拟发布的《道地药材目录》分批发布）。定产区。将重点县较为集中的区域，划定为道地药材重点产区。按照因地制宜、分类指导、突出重点的思路，将全国道地药材基地划分为七大区域。

——东北道地药材产区

1. 区域特点。本区域大部属温带、寒温带季风气候，是关药主产区。包括内蒙古东北部、辽宁、吉林及黑龙江等省（区），中药材种植面积约占全国的5%。

2. 主要品种。本区域优势道地药材品种主要有人参、鹿茸、北五味、关黄柏、辽细辛、关龙胆、辽藁本、赤芍、关防风等。

3. 主攻方向。优质林下参种植，园参连作障碍治理，梅花鹿、马鹿人工养殖，赤芍、防风仿野生种植等。

4. 建设目标。到2025年，建设道地药材生产基地9.34万 hm^2 以上。

——华北道地药材产区

1. 区域特点。本区域大部属亚热带季风气候，是北药主产区。包括内蒙古中部、天津、河北、山西等省（区、市），中药材种植面积约占全国的7%。

2. 主要品种。本区域优势道地药材品种主要有黄芩、连翘、知母、酸枣仁、潞党参、柴胡、远志、山楂、天花粉、款冬花、甘草、黄芪等。

3. 主攻方向。开展黄芪、黄芩、连翘野生抚育，规范柴胡生产，提升党参、远志加工贮藏技术等。

4. 建设目标。到2025年，建设道地药材生产基地12万hm^2以上。

——华东道地药材产区

1. 区域特点。本区域属热带、亚热带季风气候，是浙药、江南药、淮药等主产区。包括江苏、浙江、安徽、福建、江西、山东等省，中药材种植面积约占全国的11%。

2. 主要品种。本区域优势道地药材品种主要有浙贝母、温郁金、白芍、杭白芷、浙白术、杭麦冬、台乌药、宣木瓜、牡丹皮、江枳壳、江栀子、江香薷、茅苍术、苏芡实、建泽泻、建莲子、东银花、山茱萸、茯苓、灵芝、铁皮石斛、菊花、前胡、木瓜、天花粉、薄荷、元胡、玄参、车前子、丹参、百合、青皮、覆盆子、瓜蒌等。

3. 主攻方向。恢复生产杭白芍、杭麦冬、浙白术、茅苍术、杭白芷、苏芡实、建泽泻等传统知名药材，大力发展凤丹皮、江栀子、温郁金等产需缺口较大的药材。

4. 建设目标。到2025年，建设道地药材生产基地18.67万hm^2以上。

——华中道地药材产区

1. 区域特点。本区域属温带、亚热带季风气候，是怀药、蕲药等主产区。包括河南、湖北、湖南等省，中药材种植面积约占全国的16%。

2. 主要品种。本区域优势道地药材品种主要有怀山药、怀地黄、怀牛膝、怀菊花、密银花、荆半夏、蕲艾、山茱萸、茯苓、天麻、南阳艾、天花粉、湘莲子、黄精、枳壳、百合、猪苓、独活、青皮、木香等。

3. 主攻方向。开展怀山药、怀地黄、怀牛膝、怀菊花的提纯复壮，治理连作障碍，大力发展荆半夏、蕲艾生态种植，提升怀山药采收加工技术等。

4. 建设目标。到2025年，建设道地药材生产基地28.67万hm^2以上。

——华南道地药材产区

1. 区域特点。本区域属热带、亚热带季风气候，气温较高、湿度较大，是南药主产区。包括广东、广西、海南等省（区），中药材种植面积约占全国的6%。

2. 主要品种。本区域优势道地药材品种主要有阳春砂、新会皮、化橘红、高良姜、佛手、广巴戟、广藿香、广金钱草、罗汉果、广郁金、肉桂、何首乌、益智仁等。

3. 主攻方向。恢复阳春砂生产，提升何首乌、巴戟天、佛手生产技术水平等。

4. 建设目标。到2025年，建设道地药材生产基地10.67万 hm^2 以上。

——西南道地药材产区

1. 区域特点。本区域气候类型较多，包括亚热带季风气候及温带、亚热带高原气候，是川药、贵药、云药主产区。包括重庆、四川、贵州、云南等省（市），中药材种植面积约占全国的25%。

2. 主要品种。本区域优势道地药材品种主要有川芎、川续断、川牛膝、黄连、川黄柏、川厚朴、川椒、川乌、川楝子、川木香、三七、天麻、滇黄精、滇重楼、川党、川丹皮、茯苓、铁皮石斛、丹参、白芍、川郁金、川白芷、川麦冬、川枳壳、川杜仲、干姜、大黄、当归、佛手、独活、青皮、姜黄、龙胆、云木香、青蒿等。

3. 主攻方向。开展丹参、白芍、白芷的提纯复壮，开展麦冬、川芎安全生产技术研究与推广，发展优质川药，大力发展重楼等相对紧缺品种，开展三七连作障碍治理。

4. 建设目标。到2025年，建设道地药材生产基地44.67万 hm^2 以上。

——西北道地药材产区

1. 区域特点。本区域大部属于温带季风气候，较为干旱，是秦药、藏药、维药主产区。包括内蒙古西部、西藏、陕西、甘肃、青海、宁夏、新疆等省（区），中药材种植面积约占全国的30%。

2. 主要品种。本区域优势道地药材品种主要有当归、大黄、纹党参、枸杞、银柴胡、柴胡、秦艽、红景天、胡黄连、红花、羌活、山茱萸、猪苓、独活、青皮、紫草、款冬花、甘草、黄芪、肉苁蓉、锁阳等。

3. 主攻方向。提升当归、枸杞、党参、红花等药材品质，发展高海拔地区大黄、红景天生产，推广秦艽、胡黄连优质栽培技术，大力发展羌活人工种植，提升党参加工贮藏技术。

4. 建设目标。到 2025 年，建设道地药材生产基地 53.34 万 hm^2 以上。

五、资金筹措及建设进度

（一）资金筹措

建立中央、地方、社会多方投入建设机制。各级农业农村部门要充分利用现有国家投资渠道和各项财政支持政策，努力争取拓宽投资来源，吸引金融、社会等资本参与建设，为规划实施提供基础保障。中央财政重点支持种质资源收集保护，信息监测体系、质量检测体系、可追溯体系等建设。加大对标准化基地的支持力度，优先支持中药企业自建基地、中药材种植专业合作社或与地方政府联建基地等有稳定销路的道地药材生产基地。

（二）建设进度

道地药材生产基地建设分年度开展。2018—2025 年，每年在全国建设道地药材生产基地 20 万 hm^2 以上。到 2025 年，全国建成道地药材生产基地总面积 166.67 万 hm^2 以上，形成覆盖全国主要道地药材产区的质量追溯系统、产销信息监测体系和流通体系。

六、效益分析

通过道地药材生产基地建设，构建与现代农业相适应的道地药材生产体系，提升优质道地药材生产能力，社会、经济、生态效益显著。

（一）社会效益

推动道地药材产业链全面升级，提升道地药材品种选育能力、集成创新能力、优质道地药材供给能力，实现中药材生产区域布局和产品结构优化，提质增效、转型升级，夯实中医药发展物质基础。在技术上，集成创新、示范推广一批道地药材绿色生产技术和种植模式，形成全国道地药材生产技术服务网络，提高中药材生产技术水平。在产品上，提升道地药材品质和供给能力，实现优质道地药材稳定有效供应，提高中医药诊疗效果。在文化上，通过基地建设，促进传统中医药理论与现代科学新理论、新技术和新模式融合，传承发展传统中医药文化。

（二）经济效益

通过道地药材生产基地建设，为现代农业和中医药产业发展提供坚实基础，利于进一步提升产业经济效益。在促进农民增收上，通过改善基地生产条件，稳定提高药材品质，吸纳农民务工就业，带动基地和农民增收致富，助力精准扶贫、精准脱贫。在提高企业效益上，推动中药材供给侧结构性改革，建立道地药材稳定产销体系，实现优质优价，促进中医药企业提质增效。在提升综合效益上，合理规划基地建设布局，发展中药材乡村旅游等新产业、新业态，延伸产业链，提升价值链。

（三）生态效益

实施道地药材生产基地建设，加强道地药材生产基地生态环境保护，具有良好的生态效益。在药材资源保护上，改善基地生产条件，增加道地药材人工种养数量，减少野生采挖，开展野生药材抚育，有效避免物种资源枯竭，保护生态多样性。在生态环境保护上，选育和推广一批优良品种、绿色生产技术模式，减少化肥农药用量，从源头上控制面源污染，保护土壤、空气、水域环境，促进可持续发展。

七、保障措施

道地药材生产基地建设是一项长期而艰巨的任务，也是一项系统工程，需要加强规划引导，聚焦重点，聚合资源，聚集力量，合力推进。

（一）加强组织领导

在国务院中医药工作部际联席会议制度框架下，建立中药材生产协调机制，构建“分段负责、省（市）主体、县（市）主抓”的工作机制。各省（区、市）参照国务院中医药部际联席会议的组织架构，成立由分管负责同志任组长的工作指导组，加强统筹协调，明确工作责任，推进措施落实。县（市）政府应成立由主要负责同志任组长的领导小组，扛起责任，推进落实。农业农村部会同国家中医药管理局，加强顶层设计，强化监督考核，指导规划实施。国家中医药管理局推广道地药材临床使用，将道地药材使用比例纳入医院考核指标。省级农业农村部门会同中医药管理部门扎实推进道地药材生产基地建设，加强标准化生产指导服务和监督管理，确保规划顺利实施并取得实效。

（二）强化政策扶持

统筹支农资金，加大道地药材生产基地建设投入。创新金融服务，建立多元化投融资机制，吸引工商资本、社会资本投入道地药材生产，打造优势道地药材产业集群。将道地药材纳入地方农业政策性保险支持范围，开展道地药材生产保险试点。完善道地药材生产基地用地政策，支持道地药材加工、仓储、物流等设施建设。

（三）推进科技创新

推进农科教合作，加快科技创新和技术推广。贯彻落实新修订的《中华人民共和国种子法》，加强道地药材品种登记和保护，鼓励道地药材生产基地开展新品种的引进和选育。支持科研院校与道地药材生产基地共建技术创新平台，开展基础研究和关键技术攻关，加快成果转化应用。加快技术集成创新，组装推广绿色高质高效技术模式，示范带动更大范围推广应用，提高技术到位率和道地药材科技水平。

（四）创新服务机制

培育新型经营主体，重点培育种植大户、农民合作社、龙头企业等新型经营主体，推进规模化经营，引领标准化生产。培育新型服务组织，开展种苗统育统供、病虫统防统治、肥料统配统施、市场营销等服务，提高生产组织化程度。创新经营方式，推广订单生产、定制药园等，构建新型利益联结机制。积极发展新业态，推进中药材生产与产业扶贫、休闲旅游、美丽乡村和康养小镇建设相结合，弘扬中医药传统文化，培育和发展中药材新业态新模式，提高综合效益和竞争力。

（五）强化监督考核

农业农村部、国家中医药管理局建立道地药材生产基地建设考核机制，制定考核办法，组织开展工作督导。地方各级政府也应建立相应监督考核制度，督促重点县（市）落实各项措施，推进基地建设有序开展，运用现代生物技术，强化诚信建设和监督检查，探索第三方评估，对基地建设进展和成效进行科学评估。实行动态管理，接受社会监督，严格淘汰制度，对建设工作成效显著的重点县（市），给予投资倾斜并组织全国观摩学习。

（六）加强宣传引导

总结各地道地药材基地建设的好经验、好做法，注重典型带动，推广先进经验。充分利用报刊、广播、电视、互联网等媒体，全方位、多角度、立体化地宣传道地药材生产基地建设成就。通过博览会、交易会、推介会等多种形式，开展优质道地药材推介。依托中介组织定期开展道地药材产品的推介活动，扩大道地药材品牌影响力，提升市场认可度。

附录九

山西省《关于建设中医药强省的实施方案》

为贯彻落实中共中央、国务院《关于促进中医药传承创新发展的意见》（中发〔2019〕43号），传承精华，守正创新，继承好、发展好、利用好中医药，助力打造高品质生活，造福三晋人民，现就建设中医药强省制定本实施方案。

一、主要目标

深入实施中医药医疗服务能力加强、中医药健康服务业拓展、中药资源保护利用、中药材生产和质量提升、中药工业现代化、中医药人才培养和中医药科技创新七大工程，到2030年，全面建成中医药强省。中医药服务体系更加健全，服务能力显著增强，服务领域不断拓展；中医药人才结构合理、培养体系完善，传承创新水平持续提高；中药资源得到有效保护和有序开发，规范化、规模化种植水平稳步提高，质量不断提升，产业总体规模进一步扩大，竞争力大幅增强。重点指标为：

——山西省中医院、山西中医药大学附属医院建成区域中医医疗中心，市级中医医院力争达到三级甲等标准，县级中医医院力争达到二级甲等以上标准，乡镇卫生院和社区卫生服务中心中医馆建设全部达标。

——建成300个省级以上中医重点专科。

——力争50个县（市、区）创建成为全国基层中医药工作先进单位。

——中药材规范化、标准化种植面积达到13.34万hm^2以上。

——3个中药材加工企业年销售额超过5亿元，1～3个中药生产企业年销售额超过50亿元，5个主导性产品年销售额超过5亿元。

——建成区域性中药材电子商务和集散交易中心。

二、工作任务

（一）加强中医医疗机构建设

中央投资基础建设项目优先支持各级公立中医医院。支持中医药传承创新项目建设。朔州市、晋城市建成市级公立中医医院。泽州县、左权县和代县建成县级公立中医医院。支持有条件的综合医院（含企事业单位举办的医疗机构）转制为中西医结合医院。到 2022 年，基本实现县办中医医院全覆盖。

（二）发挥中医药在深化医改中的作用

积极争取在山西省设立国家级中医药综合改革示范区，同时设立省级中医药综合改革先行区，推进山西省中医药改革发展。组建山西省中医医院联盟，引领全省中医医院服务能力持续提升。支持中医医院牵头组建医疗联合体。支持三级中医医院牵头组建中医专科联盟。每个市至少建成 1 个由中医医院牵头组建的网格化城市医联体。在县域医共体建设过程中，将县级中医医院作为县域内首诊医院和转诊医院，不得变相取消、合并中医医院，不得改变其功能定位，不得以各种理由在事实上削弱中医医院建设。

（三）加强中医药信息化建设

实施“互联网＋中医药健康服务”行动。建设省级中医药数据中心。建立以中医电子病历、电子处方等为重点的基础数据库。推进公立中医医院、基层中医馆建立健全医院管理、电子病历等信息系统。推进远程影像、检验、诊断、教育等覆盖所有中医医院医联体。发展互联网中医医院。

（四）提高中医医疗服务水平

推动山西省中医院、山西中医药大学附属医院积极引进上海中医药大学附属龙华医院、中国中医科学院西苑医院等优质医疗资源，共建区域中医医疗中心。以市级三级中医医院为依托，在晋中、晋北、晋南、晋东南规划建设 4 个省级区域中医医疗中心。加强中医重点专科建设。加强中医药循证能力、急诊急救能力建设。发挥中医药在流感等新发突发传染病防治和公共卫生事件应急处置中的作用。

（五）加强综合医院、专科医院中医药工作

在综合医院设立中医科、中药房，中医床位不低于总床位的 5%，配备相应中医人员。将中医药重点指标纳入综合医院等级评审指标体系。在综合医院、专科医院落实中西医会诊制度。加强综合医院中医药工作示范单位建设。

（六）提升基层中医药服务能力

大力开展基层中医药工作先进单位、中医药特色基层医疗卫生机构创建工作。充实县域中医药人才队伍，增加全科医生中医医师特设岗位，实行中医药人员“县管乡用”。鼓励名老中医药专家在基层设立专家传承工作室。加强中医全科医师（转岗）培训。建设省级中医药适宜技术网络推广平台，每县建设1个推广基地。到2022年，基层中医馆实现全覆盖。

（七）发挥中医治未病优势

将中医药贯穿健康中国山西行动。推广体现中医治未病理念的健康工作和生活方式。支持医疗机构发展中医治未病服务，设立中医药特色健康管理中心。将高血压、糖尿病、孕产妇中医药健康管理项目纳入基本公共卫生服务项目。推广家庭医生中医药服务。延伸中医药产业链条，支持研发中医保健食品、用品和器械器材，支持发展中药大健康产品。

（八）提升中医药特色康复能力

实施中医药康复服务能力提升行动。支持建设省级中医康复示范中心，加强中医医院康复科建设，各级各类医院要推广中医康复技术。针对心脑血管病、糖尿病等慢性病和伤残等，制定中医康复方案，推动中医康复技术进社区、进家庭、进机构。支持研发中医康复器具。

（九）促进社会办中医机构规范发展

保证社会办和政府办中医医疗机构在准入、执业等方面享有同等权利。支持社会力量开办中医医疗机构，实现跨区域、品牌化发展。鼓励中医医师全职或兼职开办中医诊所。规范中医养生保健服务，提供中医养生保健服务的企业登记经营范围使用“中医养生保健服务（非医疗）”规范表述，加强行业指导和监督。

（十）加强中药资源保护和合理利用

推进中药资源普查，建立中药资源数据库，完善动态监测机制。合理规划中药材种植养殖区域。启动中药材原产地标记工作。依托恒山、太行山、太岳山、管涔山、晋南边山丘陵五大中药材生产基地，建设规范化种植、加工基地。加大道地或优势中药材品种的野生抚育及价值挖掘力度。扶持良种选育和种子种苗基地建设，评定一批省级道地药材良种繁育和生态种植基地。加强药食同源产品和保健食品开发，推动毛建草、黄芩叶、红枣叶等独具特色的中药材申报新食品原料。

（十一）提升中药材生产规模和水平

制定中药材种植养殖、采集、储藏技术标准。加强中药材标准化基地建设，创建中药材标准园，示范带动向规模化、规范化发展。支持振东等大型中药企业建设统一的中药材相关产品精深加工中心和交易中心。实施贫困地区中药材产业推进行动。发挥山西中药材电子交易中心作用，发展中药材电子商务。完善道地药材生产技术标准体系。

（十二）做大做强中药工业

挖掘和传承道地中药饮片炮制工艺，推进先进设备和工艺应用，提升精深加工水平。引导和支持发展山西地方习用特殊饮片及创新饮片，重点推进国新天江等生产企业开展中药颗粒剂试点工作。加大中药企业技术改造力度，提升装备和工艺水平。建立中成药名优产品生产过程质量标准体系。制定省内名家名方、民间验方目录，开展经典名方、中药新药研发。支持广誉远、大宁堂等山西老字号和亚宝集团、同药集团等企业开展龟龄集、定坤丹、小儿葫芦散、丁桂儿脐贴等优势产品的二次开发，培育现代中药大品种。打造“六最”营商环境，支持全国知名中药企业来晋投资发展。加快产业联盟建设，推动互联网、物联网、大数据、人工智能、区块链与中医药有机融合，促进中医药生产、研发、物流、贸易等上下游产业联动发展。

（十三）加强中药质量保障

以中药饮片监管为抓手，落实中药生产企业主体责任，多部门协同监管，探索建立中药材、中药饮片、中成药生产流通使用全过程追溯体系。严厉打击严重威胁公众用药安全的违法犯罪行为，加大对制假售假、制劣售劣行为的责任追究。建立道地药材等级评价制度。开展中药材第三方质量检测。加强医疗机构中药药事质控管理。

（十四）促进中医药与旅游融合发展

打造中医药健康旅游品牌。建设一批中医药特色旅游城镇、度假区、文化街、主题酒店，形成与中药科技农业、名贵中药材种植、田园风情、户外健身等生态休闲旅游结合的养生体验和观赏基地。打造融中药材种植、中医医疗服务、中医药健康养老为一体的中医药健康旅游综合体。支持举办山西（运城）特色医药交易博览会。支持长治市平顺县国家级中医药健康旅游示范区建设。

（十五）推进中医药教育改革

加大对省政府、国家中医药管理局共建山西中医药大学的投入力度。支持山西中医药大学增列博士学位授予单位建设。强化中医思维培养，推动中医药院校教育和临床医学类专业课程改革，将中医课程列入临床医学类专业必修课。建立医学院校与各类传承工作室紧密联动、共同培养的协作机制。支持有条件的医学高等院校增设中医药方向相关专业，培养中医药健康服务人才。探索开展大专（高职）中医药人才免费培养。继续开展基层中医药中等职业适宜人才免费培养。加强中医药职业教育。将中医药知识纳入中小学基础教育。

（十六）加强中医药人才队伍建设

拓宽人才培养渠道，培养一批高层次复合型中医药人才。加强国医大师、全国名中医、省级名老中医药专家传承工作室建设。优化中医领军人才、优秀人才培养形式。建立健全中医药人才师承教育制度，开展师承教育，设立高年资中医医师带徒项目。完善西医学习中医人才培养机制。积极探索为乡村、城市社区定向培养中医药人才的办法，强化基层医疗卫生技术人员中医药服务能力培养。加强与省外名中医的学习交流。加快中药材种植栽培、质量检测、品种鉴定、资源普查、产业经营等相关人才的培养，实现中药材生产的产前、产中、产后各环节人才培养的全覆盖。

（十七）优化中医药人才发展环境

建立中医药“智库”，为中医药发展提供战略咨询。省级重大人才工程加大对中医药人才支持力度。创新中医药人才开放机制，吸引非中医药人才投身中医药事业，鼓励中医药人才积极参与其他行业发展，拓宽中医药服务领域。落实公立中医医院的用人自主权。坚持品德、能力、业绩导向，改革完善中医药人才职称评聘制度。

（十八）扎实推进中医药传承

建立山西中医药传统知识名录保护制度。加强典籍研究利用，整理三晋中医药名家、流派传承的学术思想。收集筛选民间中医药验方、秘方和技法，建立合作开发和利益分享机制。加快推进活态传承，完善学术传承制度，加强名老中医学术经验、老药工传统技艺传承，实现数字化、影像化记录。实施中医药文化传播行动，发掘以傅山为代表的一批中医药文化资源，加强中医药文物设施保护和非物质文化遗产传承。

（十九）加强中医药科技创新

加强中西医协同攻关。建设一批具有山西特色的优势品牌学科，建立多学科融合、资源共享的科研平台。发挥山西省中医药科技创新联盟作用，支持协同创新和基础研究，加快形成具有自主知识产权的科技成果。在中医药重点领域建设省级重点实验室、临床医学研究中心、工程研究中心和技术创新中心。在省科技计划（专项、基金等）框架下，加大对中医药科技创新的支持力度。依托国家中医临床研究基地，开展中医药基础理论和中医药防治重大疑难疾病联合攻关。探索制定实施中药材生产质量管理规范激励机制，设立中药制剂和中药饮片炮制规范研发专项。建立中药制剂研发生产中心和中药新药研发基地。加强中医药知识产权保护和运用，鼓励中医药优秀科技成果提名省科学技术奖，促进创新成果产业化。

（二十）拓展中医药交流合作

支持开展中医中药推广及海外注册标准化、合法化研究。支持山西中医药“一带一路”对外交流合作联盟面向沿线国家（地区）民众提供中医药服务。支持山西中医药大学扩大“一带一路”沿线国家（地区）中医药留学生招生规模。支持新九针、头针、腹针等山西省原创技术和推拿、中医康复等传统疗法开拓海外市场。加大中医关怀侨胞力度，推动中医药文化海外传播。加强与港澳台地区中医药交流合作。

三、保障措施

（二十一）强化组织领导

加强顶层设计，坚持高位推动，成立山西省建设中医药强省工作领导小组，定期召开会议研究解决重大问题，领导小组办公室设在省卫健委。各有关部门制定实施中医药相关政策措施要充分听取并吸纳中医药主管部门意见。建立健全中医药管理体系，改革完善管理机制。组建山西省中医药传承创新发展研究会。

（二十二）完善投入机制

建立中医药发展多元投入机制。在卫生健康投入中统筹安排中医药事业发展经费并加大支持力度，切实保障对公立中医医院的投入，改善办院条件。设立政府引导、社会资本参与、市场化运作的山西省中医药发展基金，对中医药产业发展提供融资支持。鼓励商业保险机构开发中医治未病、中药材生产等保险产品，引导其投资中医药服务产业。

（二十三）落实政策保障

省卫生健康部门要放宽市场准入，取消中医医疗机构乙类大型医用设备阶梯配置限制和床位规模要求，许可证核发实行告知承诺制。自然资源部门要保障中医药机构用地供给。税务部门要优化税收服务，落实好中医药机构按规定享受的税收优惠政策、行政事业性收费减免政策和价格政策。省药监部门要进一步优化和规范医疗机构中药制剂备案管理，支持临床疗效优、质量控制好、临床急需而市场没有供应的医疗机构中药制剂，按照有关规定在医联体内调剂使用。

（二十四）完善符合中医药特点的价格和医保政策

医保部门要合理确定中医医疗服务收费项目、价格，体现中医药服务成本和技术劳务价值。对中医优势病种、慢性病病种实施按病种、按人头付费政策。要将适宜的中医医疗服务项目、中药以及医疗机构中药制剂按规定纳入医保支付范围，合理确定报销比例。落实好中医适宜技术门诊治疗纳入医保支付范围试点工作，鼓励引导基层医疗卫生机构提供适宜的中医药服务。要落实好中医药在医疗保障和基本药物实施中的相关政策，积极推进山西省道地药材使用。

（二十五）加强法治建设

制定《山西省中医药条例》，完善山西省道地药材保护和利用等方面的制度。加强中医药服务监管，充实中医药卫生监督执法队伍。强化中医药从业人员执业行为监管，加强防范无证行医和假借中医名义的虚假宣传行为。加强综合协同监管，重点完善对养老、旅游、互联网、健身休闲与中医药跨界融合的监管。以标准和品牌为引领，成立山西省中医药标准化技术委员会，加强中医药全产业链标准化建设。

（二十六）加强考核宣传

要将本方案实施情况纳入各级党委、政府和各有关部门绩效考核，确保各项措施落地见效。加大宣传力度，充分发挥公共媒体作用，多渠道宣传建设中医药强省工作，努力营造建设中医药强省的浓厚氛围和共同发展中医药的良好格局。

参考文献

邴芳，陈强强，窦学诚，等，2018. 中药材产业链稳定性影响因素分析——基于甘肃省的实证［J］. 生产力研究（10）：48-53＋84.

陈玉，2017. 宁夏中药材专业合作社发展现状及对策分析［J］. 农业科技与信息（9）：25-27.

丁智慧，2007. 江西中药材产业发展的优势及对策［J］. 贵州农业科学，35（1）：120-122.

董爱玲，李淑兰，杨冠军，2017. 迁安市丘陵山区远志丰产高效栽培技术［J］. 河北农业（3）：15-16.

冯奕平，郭吉刚，王玉庆，2007. 远志保护地栽培技术［J］. 山西农业大学学报（自然科学版），27（2）：168-170.

郭冬梅，2006. 中药材资源的可持续发展研究［J］. 中国现代中药，8（3）：35-36.

郭海红，许晓瑞，王安，2019. 横山区沙地远志高效种植技术研究［J］. 农家参谋（16）：92.

国家药典委员会，2020. 中华人民共和国药典［M］. 北京：中国医药科技出版社：163.

国家中医药管理局《中华本草》编委会，1998.《中华本草》精选本（上、下册）［M］. 上海：上海科学技术出版社：52.

郭淑红，田洪岭，王耀琴，等，2018. 远志新品种晋远 2 号的选育经过及栽培技术［J］. 现代农业科技（6）：73＋77.

郭淑红，田洪岭，许陶瑜，等，2012. 远志品种晋远 1 号［J］. 中国种业（11）：79.

郝刚，冯占春，2011. 我国中药产业国际竞争力的测算与分析［J］. 中国卫生经济，30（10）：60-62.

贺光华，2016. 浅谈发展中的山西中药材［J］. 山西农经（5）：22-23.

胡侃，李向阳，广丰，2008. 全面解读中草药化妆品市场［J］. 中国化妆品（行业）（10）：24-31.

候丽萍，石岳明，天索，2005. 试论山西中药材生产现代化［J］. 山西职工医学院学报，15（3）：60-61.

韩满奎，2004. 加快 GAP 认证步伐促进中药材产业发展［J］. 中国药事. 18（6）：12-14.

洪文江. 2015. 鹤庆县中药材产业发展思考［J］. 绿色科技（2）：139-141.

黄新珍，2018. 蕲春县中药材产业链分析［J］. 现代营销（下旬刊）（7）：100.

何玉成，王雨田，2019. 我国中药材产业经济现状、趋势与问题——基于28种中药材的探讨［J］. 中国现代中药，21（12）：1-9.

李爱宗，2010. 大力发展中药材产业、积极推进中药材产业化［J］. 中国农业资源与区划，31（2）：71-74.

李泊溪，2001. 中药现代化产业推进战略［J］. 经济管理，23（21）：10-12.

李化，2015. 中药产业链及产品链分析［J］. 世界科学技术-中医药现代化，17（1）：292-295.

李剑，杨明，何倩灵，等，2010. 论中药产业链的构建［J］. 中草药，41（8）：1230-1233+1365.

李军民，朱有志，唐浩，2007. 国外农业产业链运作经验对中国的启示［J］. 世界农业（2）：22-24.

李祺，刘盈，2010. 我国中药产业链问题与成因分析［J］. 中国中药杂志，35（16）：2214-2216.

李全新，郑少锋，李瑞青，2007. 中药材产业链特征及发展对策研究［J］. 中国农业资源与区划，28（2）：47-51.

李万波，李旭东，2004. 影响吉林省农民收入的主要因素及对策［J］. 长白学刊（2）：93-94.

李晓霞，2012. 山西中药材产业发展现状及提升措施［J］. 山西农业科学，40（12）：1311-1314.

李亚梅，曹涌，马琳军，2019. 山西省中药材产业发展前景研究［J］. 山西农经（5）：119-120.

李正昌，2019. 河南省中药产业发展模式及其创新［J］. 经济研究导刊（23）：51-53.

刘丽霞，冯国锋，2018. 远志种植技术与市场分析［J］. 河北林业（7）：32-33.

刘水良，吴吉林，2017. 基于产业价值链的中药材产业与旅游产业融合模式研究——以湘西地区为例［J］. 湖南商学院学报，24（2）：77-82.

刘艳芳，姜勇，屠鹏飞，2011. 不同来源远志药材有效成分的定量分析［J］. 中国药学杂志，46（24）：1879-1883.

陆凤美，2015. 浅析剑川县中药材产业［J］. 云南农业（11）：49-51.

马楠，2016. 民族地区特色产业精准扶贫研究——以中药材开发产业为例［J］. 中南民族大学学报（人文社会科学版），36（1）：128-132.

庞冰，郝建平，董永军，等，2018. 山西野生远志资源及其生长环境研究［J］. 山西农业科学，46（10）：1695-1698.

蒲雅洁，王丹丹，张福生，等，2017. 远志的本草考证［J］. 中草药，48（1）：

211-218.
齐永红，2019. 推进山西中药材全产业链发展的措施 [J]. 中国农技推广，35 (6)：8-10.
乔邓君，2010. 远志无公害优质高效栽培技术 [J]. 农业技术与装备 (20)：36-37.
秦金山，郭龙，1986. 远志叶片愈伤组织的诱导和植株再生 [J]. 植物生理学通讯，22 (3)：44.
秦金山，韩文兰，杨静，等，2016. 晋产两种远志花部结构比较 [J]. 中药材，39 (11)：2469-2473.
秦雪梅，李爱平，李科，等，2016. 山西黄芪产业发展思考 [J]. 中国中药杂志，41 (24)：4670-4674.
唐克，万法晓，2008. 发展特色农业，增加农民收入——对临沭县朱仓乡后穆疃村特色农业的调研 [J]. 科技信息 (科学教研) (20)：660.
滕红梅，张书锋，胡正海，等，2009. 远志主产区药材中远志皂苷元和多糖量的比较 [J]. 中草药，40 (7) ：1143-1146.
滕训辉，乔永刚，2017. 远志生产加工适宜技术 [M]. 北京：中国医药科技出版社：79-81.
田洪岭，牛变花，王耀琴，等，2016. 远志栽培现状及推广前景分析 [J]. 安徽农业科学，44 (15)：112-113.
田洪岭，郭淑红，王耀琴，等，2012. 发展山西远志、黄芩特色产业 [J]. 中国农业信息 (11)：55-57.
田洪岭，郭淑红，许陶瑜，等，2014. 吕梁山区道地药材种植现状调研报告 [J]. 农业科技通讯 (6)：27-28+37.
田洪岭，许陶瑜，郭淑红，等，2018. 山西产区远志药材资源现状与分析 [J]. 中国实验方剂学杂志，24 (24)：26-30.
田伟，温春秀，周巧梅，等，2006. 不同来源远志种子的质量比较 [J]. 现代中药研究与实践，20 (5)：18-20.
涂金斌，张兴娥，2016. 明确中药材种植现状 提高中药材种植质量 [J]. 吉林农业 (2)：60.
汪晓凡，刘盈，李祺，2018. 中药材产业链纵向协作模式的交易成本分析 [J]. 中国药师，21 (4)：690-694.
王登良，齐世军，王勇，等，2013. 济南远志无公害栽培技术规程 [J]. 山东农业科学，45 (9)：113-114.
王光远，夏镇澳，1986. 远志的快速繁殖 [J]. 植物生理学通讯，22 (6)：55-56.
王光志，2006. 远志资源与品质评价研究 [D]. 成都：成都中医药大学：3-5.
王国强，王志勇，黄璐琦，等，2019. 中国中药资源发展报告 (2018) [M]. 北京：中国医药科技出版社：74-82.
王继岚，2013. 中医药在世界的发展现状与展望 [J]. 才智 (32)：352-353.
王健敏，张文姝，陆中华，2005. 浙江中药材产业优势、主要问题及发展对策 [J]. 浙江农业科学，46 (6)：3-7+13.
王秋萍，2016. 远志无公害生产技术 [J]. 科学种养 (6)：18-19.
王肖芳，2018. 中国与丹麦农业产业链的差异性分析 [J]. 世界农业 (11)：207-211.
王媛媛，胡本祥，彭亮，等，2017. 不同商品规格等级远志的质量分析研究 [C] //中国商品学会. 第五届全国中药商品学术大会论文集：2017 年卷. 北京：中国学术期刊（光盘版）电子杂志社：5.
王振学，孟庆峰，高秋美，等，2019. 远志绿色高产栽培技术 [J]. 中国农技推广，35 (10)：60-61.
王紫艳，侯立功，李香串，2012. 山西道地药材生产对药农经济收入研究与展望 [J]. 农业展望，8 (3)：45-47.
武怀庆，2013. 山西省中药材产业发展现状及前景展望 [J]. 农业技术与装备 (9)：7-10.
许贞、李妍梵，陈静，等，2018. 山西道地药材质量研究概述 [J]. 中国实验方剂学杂志，24 (21)：1-7.
闫娟娟，冯海，2013. 产业链视角下山西中药产业发展研究 [J]. 中国中医药信息杂志，20 (1)：11-12.
杨和健，胡长玉，方建新，等，2008. 安徽休宁县中药材资源现状与开发利用 [J]. 资源开发与市场，24 (2)：153-156.
佚名，2010. 神农本草经 [M]. 顾观光，辑. 北京：北京燕山出版社，2010：26.
郁义鸿，2005. 产业链类型与产业链效率基准 [J]. 中国工业经济 (11)：35-42.
张江莉，2015. 襄汾县远志高产栽培技术试验 [J]. 农业技术与装备 (1)：39-40.
张金邦，程书静，张俊生，2017. 基于产业链视角的现代中药产业发展研究 [J]. 九江学院学报（自然科学版），32 (2)：100-102+128.
张丽，2011. 山西医药产业品牌发展战略研究 [J]. 品牌 (4)：68+70.
张莉，李新民，2015. 新绛县旱地远志的栽培技术 [J]. 农业技术与装备 (2)：42-43.
张英泽，2010. 新绛县旱垣地远志高产栽培技术研究 [J]. 农业技术与装备 (16)：35-36.
赵芃，马丁丑，2017. 中药材产业链 LBCT 测度指标体系的构建研究 [J]. 中国集体经济 (7)：46-47.